ホントによく効く

増補改訂
決定版！

リンパストレッチ
ダイエット

加藤雅俊

JN021864

日本文芸社

いつまでも若々しくきれいでいたいのは、世の女性の願いです。10代、20代前半は体もよく動かしていたし、新陳代謝も活発なこともあり、体もスリムで肌も艶を保つことができます。

しかし、20代後半にさしかかると、仕事や家事などの忙しさに時間をとられることも多くなって運動することも少なくなり、新陳代謝も鈍り始めます。さらに、オンライン化で在宅ワークの機会も増えれば、おのずと活動量は低下。代謝機能は衰え、エネルギーの燃焼効率が悪くなり、太りやすい体質になりがちです。

「いつまでも若々しくありたい」という女性の願いを実現するのに最適なのが、ここで紹介するリンパストレッチとリンパマッサージです。リンパストレッチやリンパマッサージは、リンパの流れをよくし、体の代謝機能、特に活動代謝を高めるので、その結果、余分な老廃物を排泄し、脂肪を燃焼させます。つまり、ダイエットに大変効果的で、健康で引き締まった体型を得ることが可能となるのです。

本書で紹介するリンパストレッチとリンパマッサージが、なぜダイエットに効果的なのか、そのメカニズムについては、医学的知識に基づいた私ならではの解説を本書の後半で紹介しています。リンパのしくみや働き、脂肪燃焼に必要なインナーマッスルを中心とした筋肉のつくり、基礎代謝や活動代謝についての解説もしていますので、実際にリンパストレッチやリンパマッサージを行なう前にご覧ください。より効果的に、また、楽しくリンパストレッチやリンパマッサージをすることができるでしょう。

本書では、実際に私が実践してきた、最大限の効果を発揮できるリンパストレッチとリンパマッサージを紹介しています。いつまでも心と体が美しく健康であるために、ぜひご活用ください。「自然に痩せられて体がきれいになった！」という喜びを実感でき、健康で楽しい毎日を過ごせるようになるでしょう。

加藤　雅俊

CONTENTS

Chapter 1
リンパストレッチの基本と体と心の状態チェック!

Chapter 2
流して引き締める! リンパストレッチ&リンパマッサージ

Chapter 3

深いリンパを刺激して部分痩せ！リンパストレッチ

Chapter 4
健康と美容のカギ！リンパのパワーと筋肉の働き

リンパは全身をめぐっている！

リンパは血管のように体中にはりめぐらされていて、その途中に点在するリンパ節は有害物質を通さないフィルターの役目を果たしている。

リンパの2大機能

免疫機能　浄化機能

→詳しくはP.128〜131

リンパの流れが悪くなると老廃物や余分な水分がたまり**むくみ太り**になるんです

どよ〜ん

老廃物　余分な水分

私たちむくみ太りなのかも〜！

大丈夫！

リンパマッサージで**浅いリンパを刺激して**流し…

リンパストレッチで**深いリンパを刺激して**流してみてください！

本書の使い方

まずは 30 〜 31 ページのセルフチェックを確認。今の自分の心と体の状態や、自分に合ったリンパストレッチやリンパマッサージを知ることができます。また、リンパや筋肉のつくりや働き、食事の摂り方について理解すれば、より効果的なダイエットにつながるので、chapter4 から 5 についてもしっかりチェックしていきましょう。

| chapter 1 | セルフチェックで今の自分の状態に合ったリンパストレッチやリンパマッサージを確認。また、ストレッチやマッサージの基本テクニックもあわせてチェック！ |

| chapter 2
chapter 3 | 体の状態や、気になる部位に最適なリンパストレッチやリンパマッサージを紹介。体の不調を解消し、メリハリのあるボディラインを手に入れていきましょう。 |

| chapter 4
chapter 5 | リンパや筋肉のつくりや働き、痩せやすい体になる食生活のコツをチェック！ダイエットがより効果的になり、美しい体を手に入れることができるでしょう。 |

リンパストレッチしている筋肉を立体図解

リンパストレッチで実際に伸縮している筋肉をCGを使って立体的に紹介しているので、該当の筋肉が確実にわかります。

深層リンパに効くリンパストレッチ

インナーマッスルを大きく伸縮させるリンパストレッチは、体の深層部にある「深層リンパ」に大きな効果があることを明記しています。

はっきりわかる回数や時間

「何回やればいいの？」「どのくらい繰り返せばいいの？」と疑問がないよう、目安の回数を明記しています。

体の部位ごとにリンパのイラスト

部位ごとにリンパの流れをイラストで紹介しているので、リンパストレッチやリンパマッサージがより効果的になります。

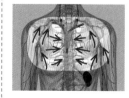

リンパストレッチの基本と体と心の状態チェック！

スリムで美しく、健康的な心と体を手に入れるために、あなた自身の心と体の状態をまず知ることが大切です。現在の心と体の状態をしっかり把握して、自分に合ったプログラムを見つけましょう。

上半身すっきり

目もとをやさしく

寝ながら脂肪燃焼

なぜリンパストレッチがダイエットに効果的？

リンパの流れが悪くなると、老廃物や余分な水分がたまり、どんどんむくんで太りやすい体質に。リンパの停滞は、体内におけるあらゆる老廃物の排泄のさまたげになるのです。そのため、健康維持はもちろん、ダイエットにもリンパの流れをよくすることが必須となります。

血液と異なり、リンパの流れは大変ゆるやかなもの。そんなリンパの流れをよくするために

は、リンパが深くかかわる筋肉を動かすこと、すなわちストレッチを行ってリンパの流れをよくすることが、最も効果的です。

リンパストレッチでリンパの流れを活性化させると、老廃物の排泄だけでなく、アミノ酸などの栄養素や酸素も細胞全体に行き渡り、体本来の美しさを取り戻すこともできます。細胞レベルにまで働きかけて、体の芯から美しくなっていきましょう。

▲リンパストレッチを行えば、リンパの流れがよくなって体のラインが引き締まる。

▲リンパマッサージを行なってリンパの流れをよくすれば、むくみがとれるだけではなく、細胞レベルに栄養素が行き渡る。

筋肉の伸縮が
リンパの流れを活発に

POINT

届きにくかった
細胞レベルに届き
**若返り細胞が
活発になる**

POINT

インナーマッスルを
動かすので
**脂肪燃焼に
つながる**

リンパストレッチをすると
リンパの流れがよくなり、
老廃物が排出され、体のラ
インがスッキリします。ま
た、酸素や栄養素が届きに
くかった細胞にくまなく届
けられ、眠っていた若返り
細胞が活発になります。

インナーマッスルの動力
は、脂肪を栄養源としてい
ます。リンパストレッチに
よるインナーマッスルの活
発な伸縮は体内の脂肪燃焼
にもつながり、その結果、
より効果的なダイエットに
もつながるのです。

ここが
深層リンパに効く

深層リンパに効く
ストレッチで
さらに美しく

◀深層リンパに効くスト
レッチをすれば、マッサー
ジでは届かなかったリンパ
の流れがよくなるととも
に、脂肪燃焼効果のあるイ
ンナーマッスルを鍛えるこ
とにもなり、ダブルでダイ
エット効果が上がる。

リンパに浅いリンパと深いリンパがある

リンパには2種類あります。ひとつは浅いリンパ、もうひとつは深いリンパです。

浅いリンパは、皮膚のすぐ下を、血管に沿って網の目のように流れています。そのため、リンパマッサージで刺激をすると、むくみや疲労、体の張りが軽くなります。体内のリンパ液の新陳代謝もよくなり、美肌などの美容に大変効果があります。

一方、深いリンパは、体の深部の筋肉の周りに張りめぐらされています。特徴としては、骨の近くにある深い筋肉＝インナーマッスルが多く存在する部位の周辺を流れていること。

深いリンパに刺激をあたえることで、リンパの流れがよくなると同時にインナーマッスルの活動代謝もよくなります。活動代謝が上がれば、周辺のぜい肉の引き締め効果が上がり、ダイエットにつながります。

深いリンパの
流れがよくなれば、

**ダイエット、
引き締め効果に！**

浅いリンパの
流れがよくなれば、

**むくみの解消
美肌、美容
効果につながる**

リンパストレッチの基本と体と心の状態チェック！

深いリンパの
流れが悪くなると…

> 余分な脂肪や
> ぜい肉が
> つくようになる

> 太りやすい体質になる

浅いリンパの
流れが悪くなると…

> 老廃物がたまりやすくなる

> シミやクスミ　　シワやたるみ

> 肌荒れの状態が続く

深いリンパを
刺激

浅いリンパを
刺激

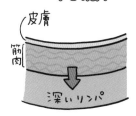

骨近くの筋肉（インナーマッスル）の周辺にあるのが深いリンパ。リンパストレッチを行なうことで、リンパの流れがよくなるだけでなく、インナーマッスルの活動代謝がよくなり、周辺のぜい肉の引き締め効果も上がります。

皮膚のすぐ下、静脈の近くを流れているのが浅いリンパです。リンパマッサージでリンパの流れを刺激すれば、むくみや体のこりなどが解消され、リンパ液の新陳代謝も活発になって、美肌や美容効果が高まります。

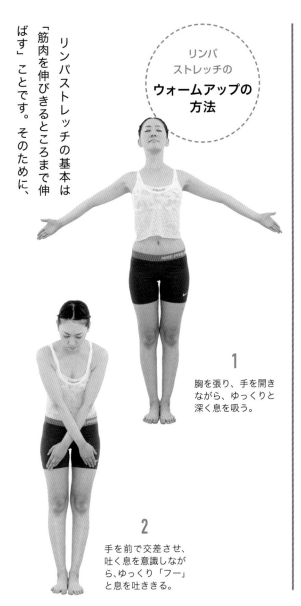

リンパストレッチの基本テクニック

リンパストレッチの基本は「筋肉を伸びきるところまで伸ばす」ことです。そのために、リンパストレッチの基本は「筋肉を伸びきるところまで伸ばす」ことです。そのために、

リンパ
ストレッチの
**ウォームアップの
方法**

1

胸を張り、手を開きながら、ゆっくりと深く息を吸う。

2

手を前で交差させ、吐く息を意識しながら、ゆっくり「フー」と息を吐ききる。

知っておきたいウォームアップ方法があります。

まずは姿勢に注目。筋肉の緊張を解くためには、できるだけ安定した姿勢で行ないましょう。筋肉を脱力するには、座った姿勢、あるいは寝た姿勢がベター。立つ姿勢では、足幅を広めに取り、片脚立ちの際は壁に手をつき、体を安定させます。

次に呼吸。息をゆっくり吐きながら行なうとリラックスでき、より筋肉も伸びやすくなって効果が上がります。

リンパ
ストレッチ

2つのコツ

テコの原理を
使って伸ばす

ストレッチを効果的なものにするには、できるだけ関節から離れた位置を持ち、小さな力で大きな効果を生む「テコ」の力を使うのがポイント。意識して、根元よりも先端を持ちましょう。

伸ばした状態で
キープする

ストレッチは、筋肉を徐々に伸ばしていくことがよいと思われがちですが、実は筋肉を伸ばして「キツイ」と感じられるところで止めて、その状態を10秒ほどキープするのが、正しいストレッチ法です。

リンパマッサージの基本テクニック

リンパ管を通るリンパ液は、リンパ節を通過しながら体内深部にある左リンパ本幹（胸管）に入り、最終的には、首のつけ根（頸静脈角）から静脈に合流し、心臓へと入っていきます。

リンパマッサージは、このリンパ液の流れを活性化させて、むくみの改善や余分な水分を排泄します。リンパ液を心臓に送るイメージでマッサージを行なってください。

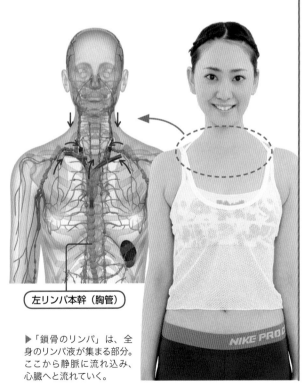

左リンパ本幹（胸管）

▶「鎖骨のリンパ」は、全身のリンパ液が集まる部分。ここから静脈に流れ込み、心臓へと流れていく。

特に全身のリンパの合流箇所、鎖骨のリンパを最初にマッサージすると、リンパ液を吸い上げる力が強まり、マッサージの効果がより高まります。

リンパ
マッサージの
ウォームアップの方法

◀「鎖骨のリンパ」からまずマッサージ。左側の鎖骨のみぞをやさしくこするように5往復マッサージする。右側は左手で同様に行う。

常に手と指をやさしく使う

リンパ管は、大変繊細なので、常にやさしいタッチを心がける。手のひらや指を肌に密着させるのがポイント。皮膚の上から2mmほどくぼませる圧力が正しい。痛いくらいのリンパマッサージは逆効果となる。

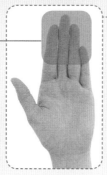

顔や首、鎖骨などの狭い範囲

指を2～4本そろえてマッサージ。小さな円を描くようにするのも効果的。

腹部や太ももなどの広い範囲

手のひらと指全体を使い、大きな円を描くように。胸やふくらはぎなどの立体的な部位は、手で包むようにさすり、らせんを描くように。

リンパストレッチ＆マッサージ5つのポイント

始める前に、心にとめておきたいポイントです。しっかり確認をして、より効果的なリンパストレッチ、リンパマッサージを行なっていきましょう。

POINT

1

ゆっくりと伸ばす＆さする

リンパストレッチ＆マッサージで筋肉をゆっくり伸ばすと、体をリラックスさせる副交感神経が優位になり、気持ちも落ち着きます。力の入れ過ぎは、筋肉を痛めて逆効果。気持ちいいと感じるくらいを目安にして。

POINT

2

食後すぐは避ける

食後すぐは、消化のために血液が胃に集中しています。すぐに運動すると、胃に行かなくてはならない血液が筋肉に行ってしまい、消化不良を起こしやすくなります。食後1時間以上は休んでから始めましょう。

POINT 3

水分補給を しっかり

ストレッチやマッサージの後に水分補給をすると、汗や尿が出やすい状態になり、体内の毒素や老廃物を排出しやすくなります。冷たい水分は必要以上に胃液を分泌させ、胃炎などの原因にも。常温の水がおすすめ。

無理なく続けるには、自分の体力やケアが必要な部位を確認しながら、マイペースで行なうことが大切。リンパストレッチ＆マッサージの効果には個人差がありますが、続けることで、関節や筋肉の動きがよくなります。

POINT 4

自分のペースで、 継続して行なう

POINT 5

傷や湿しん 部分は避ける

皮膚に傷や湿しんなどがある場合は、患部に触れないようにするか、中止しましょう。細菌が体に入ってしまった状態でのマッサージは、症状を悪化させる場合もあります。

すっかり一般的となったアロマテラピーも、ここ数年で大きく変わってきました。「香りをかいでリラックス」から、さらに医学的な効果がわかってきたことで、症状別に香りをかいで体の調子を改善することが、可能となってきています。

精油という香り成分が鼻から脳に伝わり、「本能」に入るため、西洋医学では不可能な自律神経へのアプローチができるところ

が、これからの医療の領域を広げる可能性を、大いに感じます。

リンパストレッチ＆マッサージの際に、より効果的なリラックスタイムを過ごしましょう。

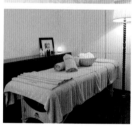

この本で紹介する精油は、Essential Oil ／エッセンシャルオイル（精油）と表記されたもので、アロマオイル（人工香料のフレグランスオイルなど）ではありません。なお、ここで紹介するアロマテラピーは、すべてアロマランプなどの芳香器を使用し、香りとしての効果を紹介しています。また、効果には個人差があります。詳しい使用法などはアロマ専門店におたずね下さい。

気分を落ち着かせたい時

◀ローズウッド

甘くウッディーな香り。精油の成分の約9割をリナロールが占めるので、非常に鎮静効果が高く、イライラや高ぶった気分を落ち着かせるには最適な精油。精神的ストレスから起こる頭痛にも、優れた作用を発揮する。

カモマイル・ローマン▶

甘い青リンゴのような香り。古代ギリシャ人が「カマイ・メロン」（地面のリンゴ）と呼んだため、カモマイルという英語名となった。アンゼリカ酸エステルを多く含むので、神経の興奮を抑える鎮静効果が高い。

勉強や仕事の疲れをリフレッシュ

◀マンダリン

さわやかな柑橘系の香り。精油にはリモネンやテルピネンを含むため、交感神経を鎮める作用が高い。高ぶった神経をリフレッシュするので、運転に疲れた時などの、気分転換におすすめ。効果が穏やかな精油として、幼児から高齢者まで安心して使える。

レモングラス▶

レモンに似た柑橘系の香り。ゲラニアールなどの成分は疲れた心を元気づけ、不安や心配を軽くする。勉強の合間や長時間の立ち仕事などの後に使えば、リフレッシュ効果も高い。デオドラント効果があり、室内のペットや煙草の匂いを消す働きもある。

心地よい眠りをサポート

◀ サイプレス

ヒノキに近い針葉樹のため、香りもよく似ている。ヒノキ風呂に入ったような少しスパイシーでほのかに甘い香り。成分のα-ピネンが副交感神経の働きを上げるので、ストレスから解放されたい時に最適。張りつめていた力が抜けるような心地よさを感じる。

フランキンセンス ▶

ウッディーでかすかにレモンのような香り。α-ピネンが副交感神経の働きを上げ、リモネンが持続効果を維持するので、古来より瞑想に使われてきたように、心を平安にし、落ち着かせる働きが強い。

朝の目覚めをさわやかに

◀ グレープフルーツ

さわやかな中にも苦味がある柑橘系の香り。主要な成分がリモネンで9割以上を占めるので、リフレッシュ効果が非常に高く、目覚めた時はもちろん、もうひと頑張りしたい時にも効く。また、飲んだ後の酔い覚まし、二日酔いなどにも効果がある。

ユーカリラジアタ ▶

クリアで清涼感のある香り。脳疲労からの緊張をほどき、クールダウンさせる働きがある。また、成分の1.8シネオールは抗ウイルス作用があるので、風邪予防にもおすすめ。ユーカリの仲間の中では一番毒性が低いので、子どもでも安心して使える。

女性特有の症状をやわらげる

◀クラリセージ
シソ科特有の、さわやかでスパイシーな香り。ほのかな甘みも感じられる。女性ホルモンの働きを安定させるスクラレオールという成分を含み、女性を力強く支える精油といわれる。生理痛や更年期特有のうつを改善し、気持ちが明るくなる手助けをする。

パルマローザ▶
甘い花のような柔らかなフローラルトーンが特徴。女性ホルモンの調子を整え、生理不順を解消する効果がある。肌の水分コントロールを保ち、弾力を回復させるゲラニオールという成分を多く含む。細胞の生まれ変わりを促し、美肌効果も期待できる。

ダイエットをより効果的に

◀ローズマリー
特有のクールでフレッシュな香りが特徴。カンファの成分がアドレナリンを誘発。脂肪分解酵素リパーゼを活性化するので、ダイエット効果が高い。精神的な疲労や無気力にも効果があり、脳の働きをクリアにする。記憶力や集中力を高める作用もある。

ペパーミント▶
キリッと爽快感がある香り。血管を縮める作用を持つメントールを多く含むので、止血や鎮痛作用をうながす。また、交感神経への刺激を利用して、脂肪燃焼作用も期待できる。鼻づまりや咳などの気管支系のトラブル、筋肉痛や頭痛、乗物酔いにもおすすめ。

健康でいつまでも美しく！ そんな女性の願いを叶える、最新リンパストレッチ・リンパマッサージをお悩み別に紹介。まずは4つの項目をチェック！ あなたに一番ピッタリな組み合わせが見つかります。

A　美容とボディラインについて

点

- ☐ スキンケアをしていても
  お肌のトラブルが続く
- ☐ フェイスラインが丸くなり、
  二重アゴ気味
- ☐ 二の腕を出す服を着るのに抵抗がある
- ☐ 去年のスカートがはけなくなってきた
- ☐ 特に下腹部がぽっこり出ている
- ☐ 年々ヒップラインが下がり始めている
- ☐ 太もものセルライトが
  なかなか消えない
- ☐ 夕方になると足がむくんで靴がきつい

B　体内環境について

点

- ☐ 1年中、手足が冷えている
- ☐ 朝起きるのがつらく、
  スッキリ目覚めない
- ☐ 最近体が重く、だるいことが多い
- ☐ 眠りが浅く、
  夜中に目が覚めることがある
- ☐ 以前より顔や体がむくみやすい
- ☐ お通じが悪く、便秘がちである
- ☐ 生理不順で生理痛に悩んでいる
- ☐ 首や背中の張り、肩こりがある

C ライフスタイルについて

点

- □ 運動はあまり好きではない
- □ 食事の量は変わらないのに太りやすくなった
- □ 毎日の食生活にスイーツは欠かせない
- □ 消化が遅く、胃がもたれる時がある
- □ 休日は家で過ごすことが多い
- □ 食事の時間が不規則で夕食の時間が遅い
- □ 階段よりエスカレーターをよく使う
- □ 睡眠時間は平均5時間以下である

美しい体を手に入れるために、まずは自分の体の状態を知る！

D メンタルコンディションについて

点

- □ 朝起きても布団から出たくない日がある
- □ 気付くとイライラしていることが多い
- □ 何だかやる気が出ず、集中力がわかない
- □ 不安や緊張で眠れないことがある
- □ 近頃ため息をつくことが多い
- □ あまり食欲がないor異常にある
- □ 些細なことでも気がかりで落ち着かない
- □ このところ笑顔が少なくなってきた

結果をチェック！

おすすめのリンパストレッチ＆マッサージは？

点数をグラフに書き込んでみよう

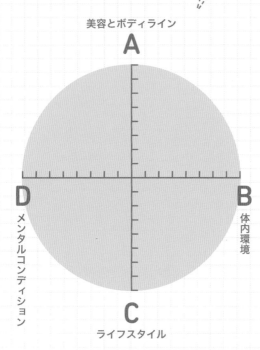

美容とボディライン

A

D メンタルコンディション

B 体内環境

C

ライフスタイル

セルフチェックの結果はいかがでしたか？　次のページでは、気になる症状別におすすめのリンパストレッチ、リンパマッサージなどを紹介していきます。各項目の悩みを解消して、身体の内側も外側も整った美しいボディをつくりましょう。また、美しさを保つには、心と体のトータルバランスが必要です。おすすめのリンパストレッチ、リンパマッサージをベースに、効果の経過をみながらメンタルや食、ライフスタイルの改善に取り組んでくださいね。

1

B
体内環境の
悩みが多い人

リンパの流れが滞ると、日常的に体の不調が現れやすくなり、病気につながる可能性も。不調を起こす前に体内環境を整えていきましょう。朝起きた時や仕事や家事の合間、夜寝る前などにリンパストレッチやリンパマッサージを行なうことで、病気知らずの体になりましょう。

CHAPTER 2
36ページ ～ 73ページ

A
美容とボディラインの
悩みが多い人

気になる部位をリンパストレッチで刺激すると、リンパの流れが活性化し、老廃物や水分が排泄されます。さらに深層リンパも刺激することでインナーマッスルも鍛えられ、各部位の引き締め効果もアップ！ 毎日継続して、メリハリのあるボディラインを手に入れましょう。

CHAPTER 3
76ページ ～ 121ページ

D
メンタルの
悩みが多い人

感情を安定させる神経伝達物質・セロトニンが不足すると、ストレスを感じやすく、気分が沈みがちに。セロトニンの分泌を促すこと、気分を落ち着かせてリラックスさせることは、アロマテラピーの得意分野。夜寝る前やリンパストレッチの際に使うと効果がアップします。

CHAPTER 1
26ページ ～ 29ページ

C
ライフスタイルの
悩みが多い人

不規則な食生活や運動不足は、生活習慣病を引き起こす原因となります。しかしながら、毎日の食事に身近な食材を加えるだけで、ビタミンやミネラルの吸収を上げることもできます。工夫次第で病気が予防できるのです。また、運動が苦手な方も続けられる食生活を紹介します。

CHAPTER 5
158ページ ～ 167ページ

流して引き締める！リンパストレッチ＆リンパマッサージ

いよいよリンパストレッチとリンパマッサージの開始です。顔から足の先まで、リンパストレッチ＆リンパマッサージを行なってリンパの流れをよくし、体内環境を整えていきましょう。

ハリをアップ！

体側が引き締まる！

ウエストが引き締まる

POINT

胸の筋肉を
広げるように。

POINT

おなかと
背すじを
まっすぐにする。

1 | **胸の筋肉を伸ばす**
両足を肩幅に開いて、後頭部に両手を当てて、胸を開くように両ひじを引く。

鎖骨周辺と 胸のリンパ の流れがよくなる

みぞおちあたりから鎖骨まで、リンパ節が連なる左リンパ本幹（胸管）がある。プレストレッチで流れがよくなると、全身のリンパ液を吸い上げる力が強まり、デトックスや引き締め効果が上がる。

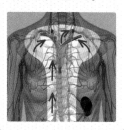

2 | 胸の筋肉を縮める

ひじを前に閉じ、首から頭をゆっくり倒しながら、胸の筋肉を縮めていく。

5
セット

POINT
みぞおち
あたりを中心に
背中を反らせる
イメージ。

POINT
腰に手を
当てながら
背中を反らせる。

1 背中を反らせる
腰に手を当てながら背中を
反らしていき、息を吸いな
がら腹直筋を伸ばす。

流して引き締める！リンパストレッチ＆リンパマッサージ

POINT

ゆっくりとした
動作で最後まで
息を吐ききる。

おなかのリンパ
の流れがよくなる

女性にとって卵巣や子宮のあるおなかは、大切なところ。「胸管」だけでなく、内臓のまわりもすべてリンパが張りめぐらされている。リンパの流れがよくなると、おなかまわりのたるみが解消され、スッキリとしたウエストラインになる。

2 | **体を丸める**
1の動きと反対に、息を吐きながら、背中を丸めるイメージで。

5
セット

POINT

おなかと
背すじを
曲げないように
まっすぐにする。

1 まっすぐに立って深呼吸する

両手を腰に当て、肩幅くらいに足を広げて立つ。軽く深呼吸してリラックスする。

POINT
背すじを
まっすぐに

POINT
手を押し込む
ようにすると
効果大。

そけい部のリンパ
の流れがよくなる

そけい部には、「そけいリンパ節」があり、下肢（脚）や胸壁の下部など、下半身からのリンパ液が集まる。リンパの流れがよくなると、下半身のむくみが解消され、洋ナシのような下半身ぽっちゃり体型が解消される。

POINT
腰を
押さえれば、
骨盤は
固定する。

POINT
つま先は
正面を
向くこと。

10秒キープ × 左右各 **3セット**

2 | 体を横に倒す
肩幅より足を広く開いて立つ。腰に手を当て、押え込む様にして体を横に倒す。

おなかの深いリンパ
の流れがよくなる

腸内にあるリンパ管は、小腸から栄養素の吸収を高める脂質を吸収している。また、おなかの深いリンパは、動脈に沿うように張りめぐらされ、圧力をかけることで、リンパ管やリンパ節が刺激され、くびれのあるウエストラインを作る。

POINT

体に
余分な力が
入っていないか
チェック。

腹直筋を鍛える

猫背や姿勢の悪さは、実は腹直筋にある。モデル歩きに必要な筋肉。おなかをへこませることで、赤筋（インナーマッスル）とリンパの両方に働きかけるので引き締まる。

1 | 背すじを伸ばす
腰に手を当て、リラックスして立つ。

POINT

おなかを
思いきり
へこませる。

$$\left(\begin{matrix}10_{秒}\\キープ\end{matrix}\right) \times \boxed{3 \atop セット}$$

2 | おなかをへこませる
おなかを思いきりへこませ
たままで10秒キープ。

ほっそり小顔になる美フェイスライン

POINT

あごを引かずに、
顔は
正面に向ける。

POINT

左右同様に、
親指をあごの骨に
引っかけるように。

1 | 親指で
あごの下あたりを押える

親指は軽くそえる。

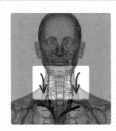

②

流して引き締める！リンパストレッチ&リンパマッサージ

首のリンパ
の流れがよくなる

首には右側と左側に、1本ずつリンパ本幹がある。このリンパは鎖骨下静脈に注いでいる。鎖骨周辺のリンパの流れがよくなると、顔から首にかけてのラインがスッキリする。

胸鎖乳突筋
をのばす

首にある筋肉のひとつ。首を曲げたり、回転させる働きがある。ストレッチをすれば、首からあごをはじめとしたリンパの流れがよくなり、フェイスラインが引き締まる。

POINT
首のリンパを
伸ばすイメージ。
親指を
押し上げる。

10秒キープ × 3セット

2 | あごを後ろに反らす
親指を押し上げるように、胸鎖乳突筋をよく伸ばしていく。

POINT

顔の中心へ
思いきり
すぼめる。

1 顔全体の筋肉を収縮
顔の中心に向かって思いき
りすぼめ、全体の筋肉を収
縮させる。

2

表情筋を伸ばす

顔面の浅い層にある約20種の小さな筋肉の総称。縦、横、ななめの方向に向かって、たいへん多くの筋肉が通っている。ストレッチをすれば、いきいきとした表情を保つことができる。

POINT
口のまわりの「口輪筋」を鍛えて、ほうれい線を消す。

POINT
目のまわりの「眼輪筋」を鍛えて、目尻のシワをシャットアウト。

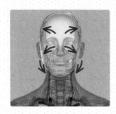

顔のリンパの流れがよくなる

顔や頭にある毛細リンパ管。それらは耳の下を通り、鎖骨のリンパ節に集まる。リンパの流れがよくなると、顔のむくみが少なくなり、目やほおの重たい感じも改善される。

5
セット

2 | **顔全体の筋肉を伸ばす**
目を見開いて、口も大きく開くことで、顔全体の筋肉を一度にストレッチできる。

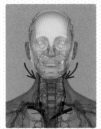

顔のリンパ
の流れがよくなる

顔や頭にある毛細リンパ管。それらは耳の下を通り、鎖骨のリンパ節に集まる。リンパの流れがよくなると、顔のむくみが少なくなり、目やほおのたるみが改善される。

POINT
手は肌に密着させる強さで。

1 | **あごのラインに沿ってリンパマッサージ**
手のひらでフェイスラインを包み込むようにして、耳から耳の下のリンパ節を通り、あごに沿って、両手をぬいていく。リンパの流れをイメージして。

流して引き締める！リンパストレッチ&リンパマッサージ

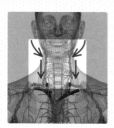

首のリンパの流れがよくなる

首には右側と左側に、1本ずつリンパ本幹がある。このリンパは鎖骨下静脈に注いでいる。リンパ管を刺激することで、鎖骨周辺のリンパの流れがよくなり、顔から首にかけてのラインがスッキリする。

POINT

左右の
リンパ本幹へ
リンパを流し込む
イメージで。

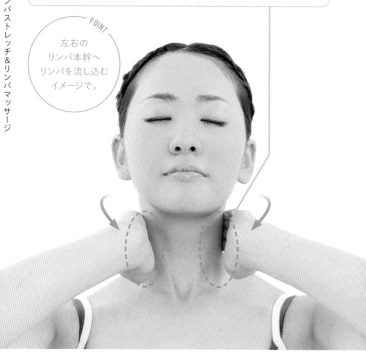

10
セット

2 | **後頭部から前へ**
首を両手でやさしく包むように、後ろから前に向かってこするようにリンパマッサージをする。

顔全体を
引き上げるように、
上向きにリンパを
流していく。
5回を3セットが目安。

つやとハリをアップ！ マイナス5歳肌に

1 | フェイスラインをくるくるマッサージ

人差し指、中指、薬指の3本で、あごからこめ
かみまでをマッサージする。

流して引き締める！ リンパストレッチ＆リンパマッサージ

POINT
ゆっくりと、
力加減は
やさしく。

2 | 目のまわりをマッサージ

目を閉じ、両手の中指を目頭のあたりに当て、眉下の骨のキワに沿ってマッサージをしていく。下側も同様に。上下、各10回が目安。

顔のリンパ
の流れがよくなる

顔や頭にある毛細リンパ管。それらは耳の下を通り、鎖骨のリンパ節に集まる。リンパの流れがよくなると、顔のむくみが少なくなり、目やほおのたるみが軽くなる。

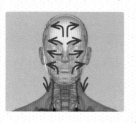

POINT
手を交互に
眉から
おでこ全体に
流していく。

3 | おでこのシワを持ち上げるように

人差し指から小指までの4本の指の腹を使って、眉から髪の生え際に向かってやさしくマッサージ。

**10
セット**

首のリンパ
の流れがよくなる

首には右側と左側に、1本ずつリンパ本幹がある。このリンパは鎖骨下静脈に注いでいる。ストレッチをすることで、鎖骨周辺のリンパの流れがよくなり、顔から首にかけてのラインがスッキリする。

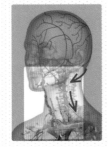

POINT
口を思いきり横に開いて、首筋を伸ばすイメージで。

胸鎖乳突筋・広頸筋をのばす

それぞれ頸部にある筋肉で、首を曲げたり、回転させる働きがある。ストレッチをすれば、首からあごが引き締まり、リンパの流れもよくなる。

1 | **あごを突き出して**
「イーッ」と声に出すような感じで、下あごを突き出して首の筋を出す。

流して引き締める！リンパストレッチ&リンパマッサージ

POINT

右側の首は
左手で、
左側は右手での
マッサージが
やりやすい。

2 | **首のシワ予防にも効果的**
あごは上げたまま。左右の手を
交互に、あごの先端に向かって
マッサージをする。

10
セット

わきからわき腹、脚を引き締める

わきの下のリンパ
の流れがよくなる

わきの下は、上肢、胸、上腹部からリンパ液が流れこむエリア。リンパの流れがよくなると、体側のむくみが少なくなり、ボディラインが引き締まる。

POINT

タオルを
たるませない。

内・外腹斜筋をのばす

わき腹にある筋肉で、表層部に外腹斜筋、その深部に内腹斜筋がある。ストレッチをすれば、ウエストが引き締まり、わきの下からわき腹までのリンパの流れもよくなる。

10秒キープ × **左右各 5回**

わき腹

タオルを持って上体を横に倒す

タオルの両はしを持ち、しっかりと引っぱる。ひじを伸ばして両手を上げ、上体を右に。10秒くらいそのままの状態を保つ。

54

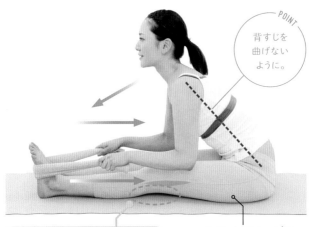

POINT

背すじを
曲げない
ように。

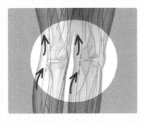

ひざ裏リンパ
の流れがよくなる

ひざ裏のリンパ節には足先からふくらはぎのリンパが集まる。リンパの流れがよくなれば、足のむくみが解消できる。

ハムストリングス
を伸ばす

太ももの裏側にあり、股関節と膝関節の両方にまたがる筋肉。太腿二頭筋、半腱様筋、半膜様筋からなる。ストレッチをすると、ひざ裏をはじめとしたリンパの流れがよくなり、足首も引き締まる。

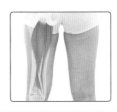

脚 | タオルを足裏にかけて 上体を倒す

脚を伸ばして座り、まずは左足の裏の土踏まずにタオルをかける。タオルを体の方に引っぱりつつ上体を前に倒し、キツイところで10秒キープ。

10秒
キープ
×
左右各
5回

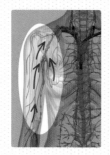

腕の下のリンパ
の流れがよくなる

手、前腕にある毛細リンパ管はひじに集まる。そこから、上肢のリンパと合流し、わきのリンパ管へと流れて集まる。リンパの流れがよくなると、ぶよぶよしがちな二の腕が引き締まる。

上腕三頭筋をのばす

腕の肘側にある筋肉で、おもにひじを伸ばす時に使う。ストレッチをすれば、二の腕が引き締まり、リンパの流れがよくなる。

POINT
タオルの長さは、持ちやすいように調節する。

1 二の腕を伸ばす

タオルを右手に持ち、右ひじを天井に向けるように上げる。左手を下から回し、タオルをつかむ。

流して引き締める！リンパストレッチ＆リンパマッサージ

POINT

タオルの長さを
調節して、
二の腕が少し
キツイくらいの
ところから始めよう。

POINT

ゆっくりと、
力を入れる。

（10秒キープ）× 左右各 5セット

2 | **背すじも伸ばす**
左手でタオルを下に引っぱり、
10秒キープ。

小胸筋をのばす

大胸筋の深部にあり、肩甲下筋の上層にある筋肉。肩甲骨を動かす筋肉で、上腕を内転する時に、特によく働く。ストレッチをすれば、肩から胸のリンパの流れがよくなり、肩周辺を引き締める。

大円筋をのばす

肩甲骨から上腕骨に走る筋肉で、肩関節の伸展させたり、内転させる働きがある。ストレッチすれば肩周辺のむくみが少なくなり、スムーズに動かせるようになる。

広背筋をのばす

背中の両側に広がる面積が広い筋肉。ストレッチをすれば、リンパの流れがよくなり盛り上がりがちな背中のラインを引き締める。

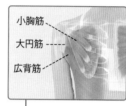

小胸筋 ----

大円筋 ----

広背筋 ----

POINT

背中と腕を
まっすぐに。

1 | **椅子に手を置き体を前に倒す**
椅子に手を置き、リラックスして体を前に倒していく。この時、背すじを伸ばして肩を落としていくイメージで。

流して引き締める！リンパストレッチ＆リンパマッサージ

POINT

体をより深く
折り曲げ、
大胸筋を
伸ばしていく。

肩周辺のリンパ
の流れがよくなる

肩こりや首のこりなどで、リンパの流れが停滞しやすくなる。リンパの流れがよくなると、肩こりなどが軽くなるのはもちろん、スッキリした肩のラインや美しいデコルテラインをつくる。

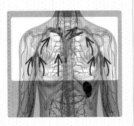

大胸筋をのばす

胸の前面にある扇型の大きな筋肉。おもに腕を肩から前に押し出す働きがある。ストレッチをすれば腕から肩にかけてのリンパの流れがよくなり、バストアップには必須である。

10秒キープ × **5セット**

2 | 胸も伸ばしていく
次に頭を上げて、さらに胸を下へとさげるようにして、大胸筋も伸ばしていく。

おなかの深いリンパの流れがよくなる

腸内にあるリンパ管は、小腸から栄養素の吸収を高める脂質の吸収をしている。また、おなかの深いリンパは、動脈に沿うように張りめぐらされ、圧力をかけることで、リンパ管やリンパ節が刺激され、くびれのあるウエストラインをつくる。

POINT
脱力するイメージで。

腹直筋を伸ばす

腹直筋は下腹の引き締めだけではなく、姿勢をよくする。モデルのように歩くには、この腹直筋が大事になる。

POINT
大きく息を吸って胸郭を広げる。

10秒キープ

1 | 上半身の力をぬく
背もたれを使って背中を後ろに反らせる。その時、両手の力もぬく。

60

背柱起立筋を伸ばす

背骨の両脇にある太い筋。体を後ろに反らすなどの動きに働く。ストレッチをすれば、背中から首にかけて引き締まり、リンパの流れもよくなる。

広背筋を伸ばす

背中の両側に広がる筋肉で、面積が広い。ストレッチすることで、脂肪がつきやすい背中のラインを引き締める。

POINT
背中を
丸め込む
イメージで。

10秒キープ × **1→2 5セット**

2 おへそを
のぞきこむように

骨盤を後ろに引くようにし、背中を丸める。

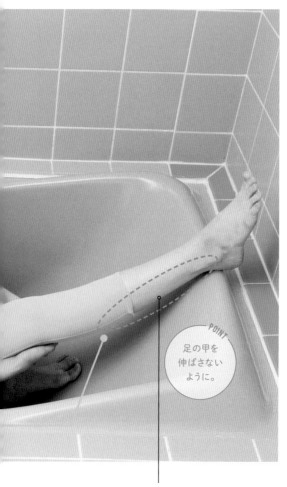

POINT

足の甲を
伸ばさない
ように。

腓腹筋・ヒラメ筋を伸ばす

ふくらはぎの後方上側にあるのが腓腹肉で、足首を伸ばす働きがある。ヒラメ筋は腓腹筋の下にある。魚のヒラメのように扁平な形が特徴。ストレッチをすれば、リンパの流れがよくなり、足首から引き締まる。

流して引き締める！リンパストレッチ＆リンパマッサージ

ひざ裏と足首のリンパ
の流れがよくなる

ひざの裏には「膝下(しっか)」リンパ節がある。ここに流していくイメージでマッサージを。また、足首のリンパは体の末端にあるため、流れにくい。リンパの流れがよくなると引き締まった足首になる。

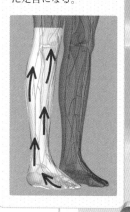

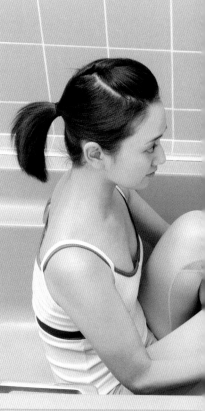

 × 左右各 5回

湯舟のふちを利用して
片方の脚を湯舟のふちにかけて伸ばす。もう一方の脚は手前に抱き込むようにする。

POINT
できるだけ
ゆっくりと、腕
に体重を
かける。

上腕二頭筋を伸ばす

「力こぶ」をつくる筋肉。腕を曲げる時に働く。
ストレッチをすれば、リンパの流れがよくなり、
腕全体が引き締まる。

流して引き締める！リンパストレッチ＆リンパマッサージ

腕のリンパ
の流れがよくなる

手、前腕にある毛細リンパ管はひじに集まる。それから、上肢のリンパと合流し、わきのリンパ管へと流れて集まる。リンパの流れがよくなると、ぶよぶよしがちな上腕部分が**引き締まる**。

（10秒キープ）× 5回

腕を伸ばして、胸をはる

手の甲を上にして、湯舟のふちに手をかける。胸をはるようにし、背中から腕に体重をかける。

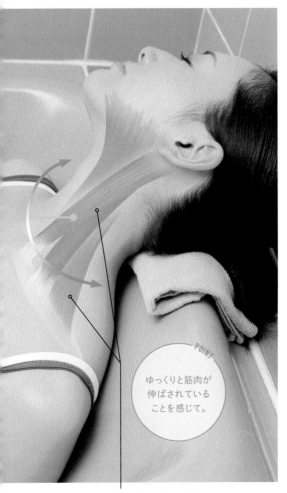

POINT

ゆっくりと筋肉が
伸ばされている
ことを感じて。

お風呂ストレッチ③　顔から首をスッキリ

胸鎖乳突筋・広頸筋を伸ばす

それぞれ頸部にある筋肉で、首を曲げ、回転させる働きがある。ストレッチをすれば、首からあごをはじめとしたリンパの流れがよくなり、フェイスラインが引き締まる。

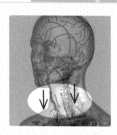

首のリンパの流れがよくなる

首には右側と左側に、1本ずつリンパ本幹がある。このリンパは鎖骨下静脈に注いでいる。リンパ管を刺激することで、鎖骨周辺のリンパの流れがよくなり、顔から首にかけてのラインがスッキリする。

10秒キープ × 左右各 3回

首をゆっくり伸ばして

湯舟のふちにタオルをのせ、その上に首が当たるようにもたれる。首を左右に伸ばす。

腰のリンパ
の流れがよくなる

腰リンパ節がある。腹腔内臓器からリンパ液が集まってくる。ストレッチをすれば、腰回りのリンパの流れがよくなり、ウエストラインが引き締まる。

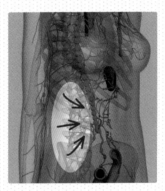

POINT

上体の力を
ぬいて
ゆっくりねじる。

ウエストをひねる
ひざを立てて座る。両手で湯舟のふちを持って体をひねる。

内・外腹斜筋を伸ばす

 × 左右各 3回

わき腹にある筋肉で、表層部に外腹斜筋、その深部に内腹斜筋がある。ストレッチをすれば、体側が引き締まり、わきの下からわき腹までのリンパの流れもよくなる。

1 | **あおむけになり、体を伸ばす**
あおむけになり、手を頭の上で組み、体を伸ばしていく。

10秒キープ

POINT
足までしっかり伸ばす。

2 | **伸ばしたまま体をねじる**
右側にゆっくりとねじった後は、逆の左にねじる。

左右 10秒キープ

POINT
両肩や腰が浮かないように。

POINT
左足の足裏はしっかり床につけるように。

3 | **脚を組む**
次に右脚を上にし、脚を組む。

70

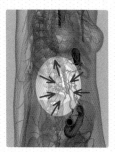

腰とおなかのリンパ
の流れがよくなる

腰には腰リンパ節があり、腹腔内臓器からリンパ液が集まってくる。一方、おなかのリンパには、内臓からのリンパなど、重要なリンパが密集。いずれも流れがよくなると、おなかまわりのたるみが解消され、ウエストからヒップラインが引き締まる。

POINT

両肩が床から
離れない
ように。

内・外腹斜筋
をのばす

わき腹にある筋肉で、表層部に外腹斜筋、その深部に内腹斜筋がある。ストレッチをすれば、ウエストが引き締まり、わきの下からわき腹までのリンパの流れもよくなる。

中臀筋をのばす

股関節の動きに大きく関わる筋肉。ストレッチすれば、お尻の外側が引き締まり、下半身のリンパの流れがよくなる。

10秒キープ × 左右各 **5** セット

4 | 脚を倒す

脚を左にねじるように倒し、顔は逆方向を向く。10秒キープ。体の側面をしっかりと伸ばす。

POINT
足をそろえて
ひざを立てる。

夜寝る前のストレッチ 寝ながら脂肪燃焼

1 | **両ひざを立てる**
あおむけになり、ひざを立てる。両腕は横に広げて、手のひらを床につけ、顔は天井を向く。

2 | **顔とひざは反対方向へ**
右方向に首を曲げながら、ひざは重ねたまま左方向にゆっくりと倒す。

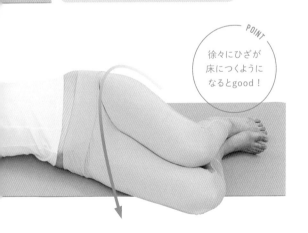

POINT
徐々にひざが
床につくように
なるとgood！

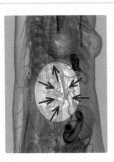

腰とおなかのリンパ
の流れがよくなる

腰には腰リンパ節があり、流れがよくなると、腰まわりのむくみが少なくなるほか、腰痛予防にも効果がある。また、おなかのリンパには、内臓からのリンパも集まる。流れがよくなると、おなかまわりのたるみが解消される。

POINT
両肩が
浮かない
ように。

広背筋を伸ばす

背中の両側に広がる面積が広い筋肉。ストレッチをすれば、リンパの流れがよくなり盛り上がりがちな背中のラインが引き締まる。

3 | **ゆっくりと右方向に倒す**
今度は逆方向に。左方向に首を曲げながら、ひざは重ねたまま右方向にゆっくりと倒す。

5
セット

深いリンパを刺激して部分痩せ！リンパストレッチ

気になる部位をリンパストレッチで刺激して、より美しく、メリハリのあるボディラインを手に入れていきましょう。さらに、深層リンパを刺激してインナーマッスルを鍛えれば、各部位の引き締め効果もアップします。

二の腕をスッキリ

バストアップ

メリハリ体型に！

POINT

ひじを
ゆっくり引き、
キツイと
感じたところで
10秒キープ。

POINT

手首を腰に
つける。

片腕を腰の後ろに回す

片腕を腰の後ろに回して、手首を
腰に当てる。脇は開いてひじは体
から離す。

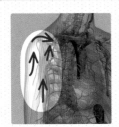

わき周辺のリンパ
の流れをよくする

わき周辺は、肩や腕、胸、上腹部などからリンパ液が集まり、リンパ節が多くある重要ポイント。リンパの流れがよくなると、肩からわき、背中のラインが引き締まりスッキリする。

ローテーター・カフ
を伸ばす

肩関節周辺の赤筋（インナーマッスル）である肩甲下筋（けんこうかきん）、棘上筋（きょくじょうきん）、棘下筋（きょくかきん）、小円筋（しょうえんきん）をまとめた名称。ストレッチをすれば、肩周辺とわきのリンパの流れもよくなる。

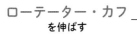

POINT
わきは開けて
ひじを
手前に引く。

10秒キープ × **左右各 5回**

うしろから見ると

手首を固定することでテコの原理が働き、軽く引くだけで、大きな効果をもたらす。

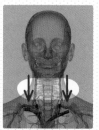

首から肩のリンパ
の流れをよくする

首には右側と左側に、1本ずつリンパ本幹がある。このリンパは鎖骨下静脈に注いでいる。リンパの流れがよくなると、顔から首にかけてのラインがスッキリする。

POINT

首周辺の筋肉を伸ばすイメージ。

胸鎖乳突筋
を伸ばす

首にある筋肉のひとつ。首を曲げたり、回転させる働きがある。ストレッチをすればリンパの流れがよくなり、首やフェイスラインが引き締まる。

ここが
深層リンパに効く
さらに腕を引っぱることでインナーマッスルと深層リンパのダブルに効く!

立って頭を横に倒す
肩の力を抜いて頭を横に倒す。首を倒した側の手で反対側の手首を持ち、下に引っ張る。

10秒
キープ

左右各

5回

■座って行なうリンパストレッチ

僧帽筋を伸ばす

首の後部から背中にかけての比較的大きな筋肉。多方向に作用する筋肉で、上部、中部、下部はそれぞれ違った働きをする。ストレッチをすることで、首の後ろから背中にかけてのリンパの流れがよくなり、背面が引き締まる。

POINT
両肩の高さはそろえたままキツイと思うところで10秒キープ。

ここが
深層リンパに効く
椅子のはしをつかむことで、インナーマッスルと深層リンパのダブルに効く！

10秒
キープ × 左右各 **5回**

椅子を利用してストレッチ
椅子のはしをつかんで、一方の手で頭をゆっくり倒していく。

二の腕をスッキリ引き締める（初級編）

POINT

ひじを頭の後ろへもっていくイメージ。

上腕三頭筋を伸ばす

腕の裏側にある筋肉で、おもにひじを伸ばす働きがある。ストレッチをすれば、腕全体が引き締まり、リンパの流れもよくなる。

腕とわきのリンパ
の流れがよくなる

手、前腕にある毛細リンパ管はひじに集まる。そこから、上肢のリンパと合流し、わきのリンパ節へと流れて集まる。リンパの流れがよくなると、ぶよぶよしがちな二の腕が引き締まる。

曲げたひじをしっかりと引く
頭上で曲げたひじを持って、引いていく。

80

深いリンパを刺激して部分痩せ！リンパストレッチ

←

POINT
キツイと
思うところまで
引き
10秒キープ。

POINT
手先は
力を抜いて
下を
向いている。

うしろから見ると

ひじ関節と肩関節の二関節を
ゆっくりと伸ばしていく。

10秒キープ × 左右各 5回

POINT
壁にひじを押し当てることで、二の腕が伸びる。

ここが
深層リンパに効く
手首を押すことで、さらにインナーマッスルと深層リンパのダブルに効く！

腕リンパ
の流れがよくなる

手、前腕にある毛細リンパ管はひじに集まる。そこから、上肢のリンパと合流し、わきのリンパ節へと流れて集まる。リンパの流れがよくなると、ぶよぶよしがちな二の腕が引き締まる。

壁にひじを当てて押す
片腕を頭上に上げて、ひじを曲げて壁につける。もう一方の手で手首を押すことで、一段と効果が増していく。

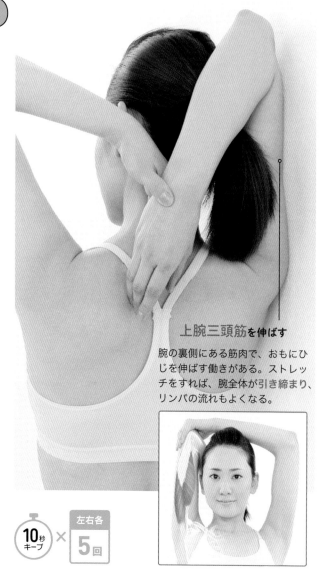

深いリンパを刺激して部分痩せ！リンパストレッチ

上腕三頭筋を伸ばす

腕の裏側にある筋肉で、おもにひじを伸ばす働きがある。ストレッチをすれば、腕全体が引き締まり、リンパの流れもよくなる。

10秒 キープ × 左右各 **5回**

83

肩を反らしてバストアップ（初級編）

POINT
背すじを
伸ばす。

POINT
組んだ手を
下へと
引っ張る。

1 | 手を下にぐいっと引っ張る

両脚を開いて、背すじを伸ばして立つ。胸を開き、両手は体の後ろで組み、手を下に引っ張る。

深いリンパを刺激して部分痩せ！リンパストレッチ

大胸筋を伸ばす

胸の前面にある扇型の大きな筋肉。おもに腕を肩から前に押し出す働きがある。ストレッチをすれば腕から肩にかけてのリンパの流れがよくなり、老廃物がたまるのを防ぐ。

胸リンパ
の流れがよくなる

体の中心に太いリンパ本幹「胸管」が、左の鎖骨までのびている。リンパの流れがよくなると、全身のリンパ液を吸い上げる力が強まり、バストアップと上半身の引き締め効果が上がる。

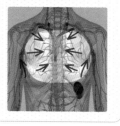

ここが
深層リンパに効く
さらに組んだ腕を上げる
組んだ腕を上げることで、インナーマッスルと深層リンパのダブルに効く！

10秒
キープ × 5
セット

2 | 深層リンパに効かせる
肩甲骨を内側に引き寄せるように、組んだ腕を上げる。

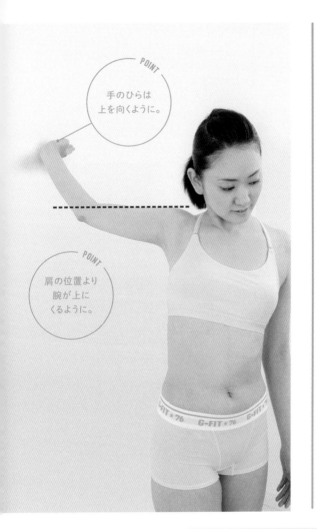

肩を反らしてバストアップ（上級編）

POINT
手のひらは
上を向くように。

POINT
肩の位置より
腕が上に
くるように。

1 | **上体を外側にひねる**
手のひらを上に向けて壁に
手をつけ、上体をひねる。

深いリンパを刺激して部分痩せ！リンパストレッチ

肩甲下筋を伸ばす

肩関節を内側にひねったり、安定させる働きがある。ストレッチをすれば、腕からわきの下の流れがよくなり、肩周辺の疲れがとれる。

大胸筋を伸ばす

胸にある筋肉で、腕を肩から前に押し出す働きがある。ストレッチをすることでバストの周辺の筋肉を引き締め、胸のリンパの流れを刺激する。

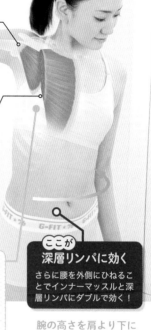

ここが 深層リンパに効く

さらに腰を外側にひねることでインナーマッスルと深層リンパにダブルで効く！

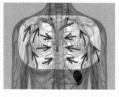

腕からわきの下、胸
のリンパの流れがよくなる

わきの下から腕、および胸のリンパ「胸管」の流れがよくなると、バストラインにハリが出て、胸や肩関節の動きが軽くなる。

腕の高さを肩より下に
腕の位置が高いほど、大胸筋の下部側、低いほど上部側が伸びる。

腕の高さを変えてみる

壁につける腕の高さをアレンジして、伸ばす位置を変えよう。

10秒
キープ × **左右各 5 セット**

2 | 深層リンパに効く
1の状態から、さらに腰を外側にひねる。反対の手も同様に行う。

1 | うつぶせになって背中を反らせる

うつぶせになり、腕を伸ばして背中を反らせる。手をつく位置を腰に近くすると、大きく背中を反らすことができる。

POINT

上半身の力をぬく。

POINT

頭をお尻の方へ。

POINT

腰が浮かないように注意。

くびれウエストをつくる（おなか前面編）

③ 腹直筋を伸ばす

おなかの前面にあり、胴体をまるめて前に倒す働きがある。ストレッチをすれば、下腹にかけてリンパの流れがよくなり、おなか全面が引き締まる。

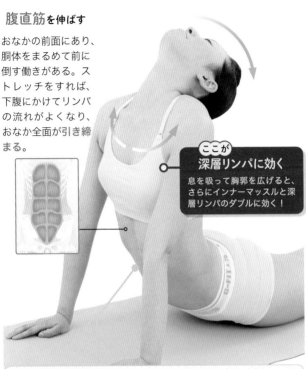

ここが 深層リンパに効く

息を吸って胸郭を広げると、さらにインナーマッスルと深層リンパのダブルに効く！

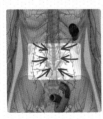

おなかのリンパの流れがよくなる

卵巣や子宮のあるおなかは、女性にとって大切なところ。「胸管」だけでなく、内臓のまわりもすべてリンパが張りめぐらされている。リンパの流れがよくなると、おなかまわりのたるみが解消され、スッキリとしたウエストラインになる。

10秒キープ × 5セット

2 さらに深層リンパに届かせる

背中を反らせきった時に息を吸い込むと、一層、深いインナーマッスルとリンパに効果が出る。

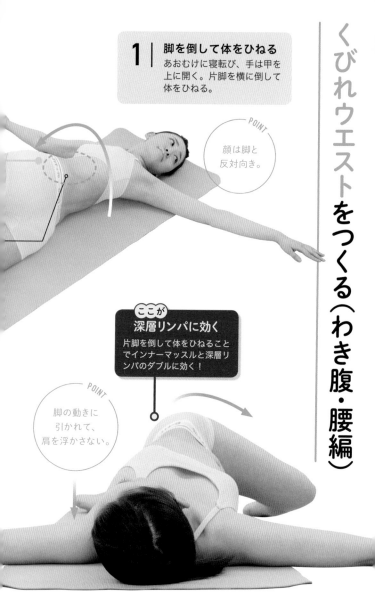

1 | 脚を倒して体をひねる
あおむけに寝転び、手は甲を上に開く。片脚を横に倒して体をひねる。

POINT
顔は脚と反対向き。

ここが
深層リンパに効く
片脚を倒して体をひねることでインナーマッスルと深層リンパのダブルに効く！

POINT
脚の動きに引かれて、肩を浮かさない。

90

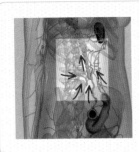

腰のリンパ
の流れがよくなる

腰には腰リンパ節があり、腹腔内臓器からリンパ液が集まってくる。ストレッチしてリンパの流れがよくなると、わき腹や腰が引き締まり、くびれのあるウエストをつくる。

内・外腹斜筋
を伸ばす

わき腹にある筋肉で、表層部に外腹斜筋、その深部に内腹斜筋がある。ストレッチをすれば、ウエスト全体が引き締まり、わきの下からわき腹までのリンパの流れもよくなる。

10秒キープ × 左右各 5セット

2 | **深層リンパに届かせる**
両肩を床につけて浮かないようにした状態で、片脚を倒して体をひねる。その後に腰をひねると、より効果が上がる。

POINT
顔は正面を
向けて、背すじを
しっかり伸ばす。

たるんだお尻を引き締める

大臀筋が伸びる

お尻にある大きな筋肉。脚を
後ろに上げたり、外側にひね
る働きがある。ストレッチを
すれば、ヒップラインが引き
締まり、腰まわり周辺のリン
パの流れもよくなる。

1 | 片脚をひざに乗せ背すじを伸ばす
体育座りをして、片脚を立てたひざの上に
乗せる。胸を張って、背すじを伸ばす。

POINT

背すじを
伸ばしたまま、
股関節から
曲げる。

ここが
深層リンパに効く

足をお尻の方へ近づけることで、インナーマッスルと深層リンパのダブルに効く！

そけい部のリンパの流れがよくなる

そけい部には、「そけいリンパ節」があり、下肢（脚）や腰周りなど、下半身からのリンパ液が集まる。リンパの流れがよくなると、下半身のむくみが解消され、洋ナシのような下半身ぽっちゃり体型が解消される。

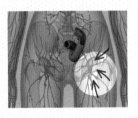

2 | **さらに深層リンパに**
届かせる

脚の股関節から折りたたんだまま、反対側の脚を手前に引き寄せる。

10秒
キープ × 左右各 **5** **セット**

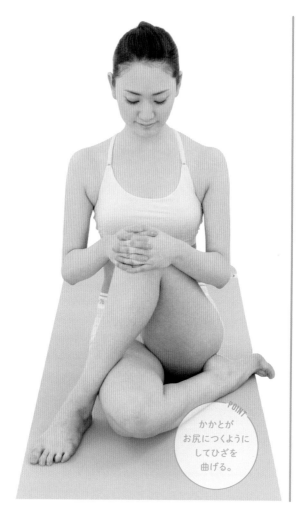

POINT
かかとが
お尻につくように
してひざを
曲げる。

1 | **背すじをまっすぐ**
片脚を折り、もう一方の太ももの外に。
もう一方の脚を組むように後ろへ。

深い
リ
ン
パ
を
刺
激
し
て
部
分
痩
せ
！
リ
ン
パ
ス
ト
レ
ッ
チ

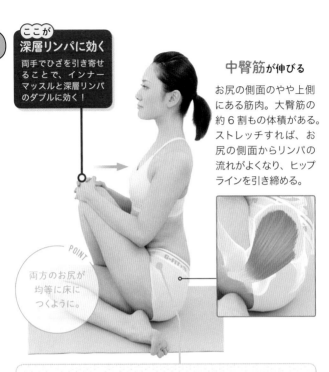

ここが
深層リンパに効く
両手でひざを引き寄せることで、インナーマッスルと深層リンパのダブルに効く！

POINT

両方のお尻が
均等に床に
つくように。

中臀筋が伸びる

お尻の側面のやや上側にある筋肉。大臀筋の約6割もの体積がある。ストレッチすれば、お尻の側面からリンパの流れがよくなり、ヒップラインを引き締める。

そけい部のリンパの流れがよくなる

そけい部には、「そけいリンパ節」があり、下肢（脚）や胸壁の下部など、下半身からのリンパ液が集まる。リンパの流れがよくなると、下半身のむくみが解消され、洋ナシのような下半身ぽっちゃり体型が解消される。

10秒
キープ × 左右各 5 セット

2 さらに深層リンパに届かせる
立てた脚を、抱くように体を寄せる。

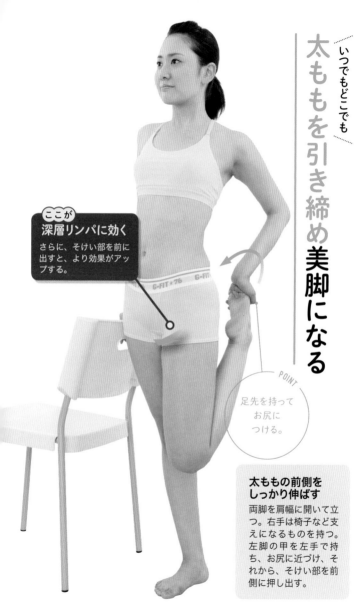

いつでもどこでも

太ももを引き締め美脚になる

ここが
深層リンパに効く
さらに、そけい部を前に
出すと、より効果がアッ
プする。

G-FIT ★76 G-FIT

POINT

足先を持って
お尻に
つける。

**太ももの前側を
しっかり伸ばす**
両脚を肩幅に開いて立
つ。右手は椅子など支
えになるものを持つ。
左脚の甲を左手で持
ち、お尻に近づけ、そ
れから、そけい部を前
側に押し出す。

96

深いリンパを刺激して部分痩せ！リンパストレッチ

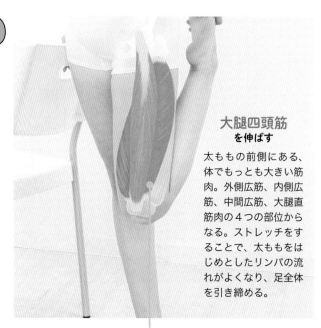

大腿四頭筋
を伸ばす

太ももの前側にある、体でもっとも大きい筋肉。外側広筋、内側広筋、中間広筋、大腿直筋肉の4つの部位からなる。ストレッチをすることで、太ももをはじめとしたリンパの流れがよくなり、足全体を引き締める。

太もものリンパ
の流れがよくなる

脚先からふくらはぎにある毛細リンパ管は、ひざに集まる。その後、太もものリンパと合流、そけい部に集まる。リンパの流れがよくなれば、脚のむくみが解消する。

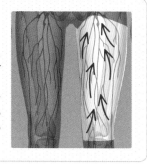

10秒
キープ ×
左右各
5回

1 右ひざをついて、両手をひざに置く

右ひざを床につき、左ひざを立てる。背すじを伸ばし、両手は左のひざの上に。

POINT

背中はまっすぐ。

太もものリンパ
の流れがよくなる

脚先からふくらはぎにある毛細リンパ管は、ひざに集まる。その後、太もものリンパと合流、そけい部に集まる。リンパの流れがよくなれば、脚のむくみが解消する。

ここが
深層リンパに効く
さらに重心を前にすることで、インナーマッスルと深層リンパのダブルに効く！

POINT

太ももと
そけい部の
ダブルに効く。

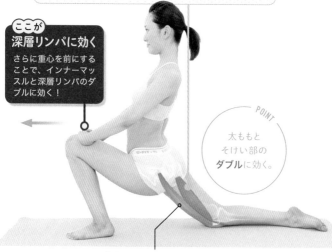

大腿四頭筋を伸ばす

太ももの前側にある筋肉で、もっとも大きい筋肉。外側広筋、内側広筋、中間広筋、大腿直筋肉の4つの部位からなる。ストレッチをすることで、太ももをはじめとしたリンパの流れがよくなり、脚全体を引き締める。

10秒
キープ × **左右各**
5
セット

2 | **さらに深層リンパに**
届かせる
腰を落として、重心が前にくるようにするとより効果的。

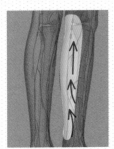

ふくらはぎのリンパ
の流れがよくなる

ひざの裏にあるリンパ節には、脚先からふくらはぎのリンパが集まる。ここから、そけい部に流れていく。リンパの流れがよくなれば、足のむくみを解消する。

POINT
かかとが
浮かない
ように。

1 | **ふくらはぎの引き締め**
片ひざを立ててしゃがみ、立てたひざに腕をのせる。

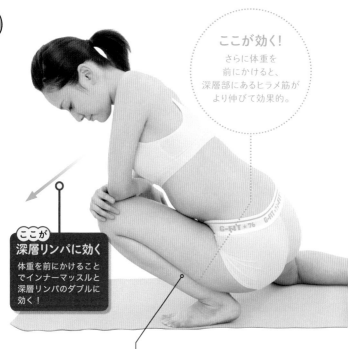

ここが効く！
さらに体重を
前にかけると、
深層部にあるヒラメ筋が
より伸びて効果的。

ここが
深層リンパに効く
体重を前にかけることでインナーマッスルと深層リンパのダブルに効く！

ヒラメ筋を伸ばす

腓腹筋の下にある。魚のヒラメのように扁平な形が特徴。立っている時の姿勢維持に働く。ストレッチをすることで、リンパの流れがよくなり、ふくらはぎが引き締まる。

10秒キープ × 左右各 **5セット**

2 | さらに足首を
引き締める
立てた前脚のひざに体重を乗せて、姿勢をキープする。

そけい部のリンパ
の流れがよくなる

そけい部には、「そけいリンパ節」があり、下肢（脚）や胸壁の下部など、下半身からのリンパ液が集まる。リンパの流れがよくなると、下半身のむくみが解消され、太ももが引き締められる。

お尻を引き締めて小尻を目指す

POINT

もう一方の足を
ひざの上に
乗せる。

梨状筋をのばす

お尻の赤筋（インナーマッスル）。内閉鎖筋、外閉鎖筋などとともに、股関節を外側にひねる働き（股関節外旋）がある。股関節を安定させ、股関節動作を支える。ストレッチをすれば、腰から下のリンパの流れがよくなり、お尻全体を引き締める。

1 | 床に座ってひざに足を乗せる
両足を肩幅より少し開いて床に座り、曲げたひざを内側に倒す。もう一方の足をひざに乗せる。

3

深いリンパを刺激して部分痩せ！リンパストレッチ

POINT
上から力を
加える。
これが効く！

ここが
深層リンパに効く
さらに足でひざを内側
に倒すことでインナー
マッスルと深層リンパ
のダブルに効く！

2 | **さらにひざを内側に倒す**
足をひざの上に乗せたら、上から力を加え、内側に倒していく。

10秒キープ × 左右各 **5セット**

103

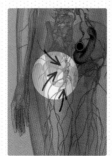

そけい部のリンパ
の流れがよくなる

そけい部には、「そけいリンパ節」があり、下肢（脚）や胸壁の下部など、下半身からのリンパ液が集まる。リンパの流れがよくなると、下半身のむくみが解消され、洋ナシのような下半身ぽっちゃり体型が解消される。

POINT
腰を浮かせないように。

---

1 | **うつぶせで片脚を横に出し、上体を起こす**

うつぶせに寝て、片脚を横に出す。手で床を押して背すじを伸ばしたまま、上体を起こす。

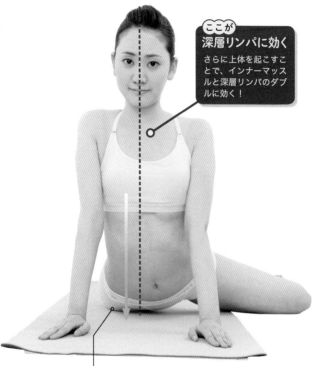

ここが 深層リンパに効く
さらに上体を起こすことで、インナーマッスルと深層リンパのダブルに効く！

腸腰筋をのばす

下腹部の深部にある赤筋（インナーマッスル）で、大腰筋と腸骨筋の2つを合わせて腸腰筋という。おもに脚を前方に振り出す働き（股関節屈曲）がある。ストレッチをすれば、下腹部が引き締まり、下腹部からそけい部のリンパの流れもよくなる。

10秒キープ × 左右各 **5**セット

2 | **さらに上体を起こしていく**
伸ばす方の脚に体重をかけ、さらに上体を起こす。頭の位置は、伸ばす方の脚の上にある。

そけい部のリンパ
の流れがよくなる

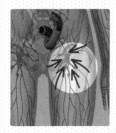

そけい部には、「そけいリンパ節」があり、下肢（脚）や胸壁の下部など、下半身からのリンパ液が集まる。リンパの流れがよくなると、下半身のむくみが解消され、美脚をつくる。

**ここが
深層リンパに効く**

伸ばした足のつま先を正面に向けると、内転筋がよく伸び深層リンパにも効く。

股関節から曲げる

背すじを伸ばしたまま、椅子に浅く腰かける。脚のつけ根の股関節から折りたたむようにして、上体を横に倒す。

深いリンパを刺激して部分痩せ！リンパストレッチ

椅子に浅めに座ると、脚を伸ばしやすくなる。

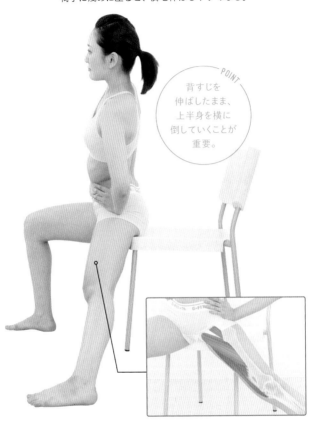

POINT
背すじを
伸ばしたまま、
上半身を横に
倒していくことが
重要。

内転筋をのばす

太ももの内側にある筋肉で、おもに脚を閉じる時に使う。歩く時や走る時の脚の動き、物を投げる時の腰の回転などに使われる重要な筋肉。ストレッチをすれば、太ももから引き締まり、脚全体のリンパの流れがよくなる。

10秒キープ × 左右各 5回

「ブルブル振動エクサ」で脂肪が燃える

ブルブルエクサ前は…

脂肪細胞には、通常カギがかかっているため、「脂肪燃焼工場」である筋肉に脂肪を送り込めない状態。筋肉もこの状態では働かず、眠っている状態。

ブルブルエクサ後は…

アドレナリンが分泌されてアドレナリンが脂肪細胞を開けるカギとなる。脂肪が放出され、リパーゼと接触することで脂肪が分解され、筋肉で燃焼される。筋肉も活発に動く。

■全身のシェイプ

深いリンパを刺激して部分痩せ！リンパストレッチ

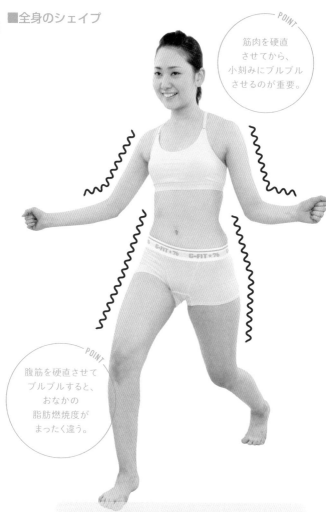

POINT

筋肉を硬直させてから、小刻みにブルブルさせるのが重要。

POINT

腹筋を硬直させてブルブルすると、おなかの脂肪燃焼度がまったく違う。

体全体を使って、骨を震わせるようにブルブル
腕を広げて、片足を1歩前に出して立つ。骨を震わせることを意識して、10秒間、全身をブルブルさせてみる。体が熱くなってきたら、脂肪が燃えている証拠。

10秒

■肩と上腕をシェイプ

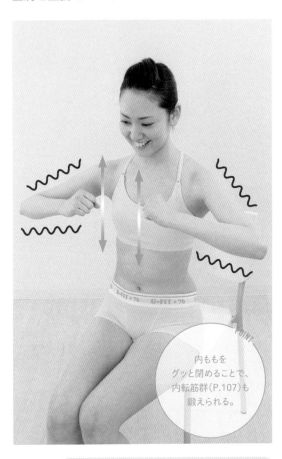

内ももを
グッと閉めることで、
内転筋群(P.107)も
鍛えられる。

1 太鼓をたたくように

ひじを固定して握りこぶしを上下にブルブルさせながら動かす。目の前に太鼓があるようなイメージ。見えないスティックで左右交互に、振り幅10cmで小刻みに太鼓をたたくように。

10秒

深いリンパを刺激して部分痩せ！リンパストレッチ

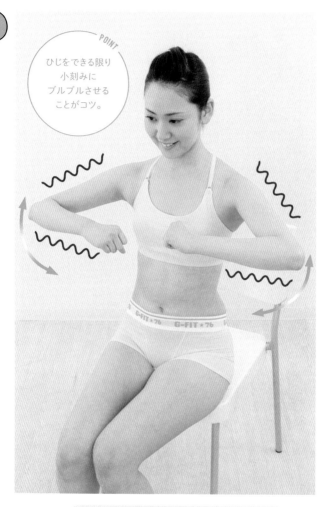

POINT

ひじをできる限り
小刻みに
ブルブルさせる
ことがコツ。

10秒

2 | 腕を前後にブルブル
ひじを曲げ、腕の前で握りこぶしをつくってから、ひじを前後に小刻みにブルブルさせる。

POINT

腕全体に
力を入れてから
ブルブルすると
効果大。

腕を左右にブルブル
手のひらをギュッと握り、腕の力こぶ
にも力を入れて、ひじを固定したまま
ブルブルと小刻みに震わせる。

10秒

■美脚シェイプ

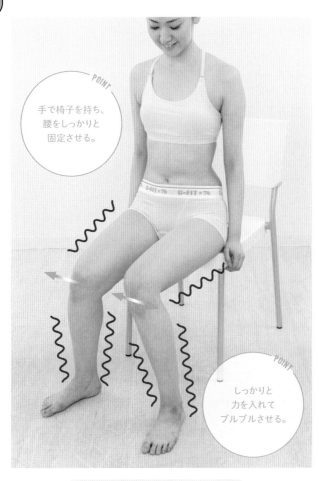

POINT

手で椅子を持ち、
腰をしっかりと
固定させる。

POINT

しっかりと
力を入れて
ブルブルさせる。

脚を左右にブルブル

足を肩幅に開いて椅子に座る。太もも
とふくらはぎに力を入れて、ブルブル
と小刻みに震わせる。

10秒

胸とわきのリンパ
の流れがよくなる

体の中心にある太いリンパ管「胸管」とわきのリンパの流れがよくなると、全身のリンパ液を吸い上げる力が強まり、全身のリンパの流れがよくなる。

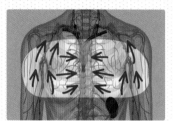

大円筋をのばす

大円筋は肩甲骨の外側の下の部分から、腕の骨の前面に繋がる筋肉。ストレッチすることで、姿勢もよくなり腕から肩にかけてのリンパの流れが改善され、老廃物が排出されやすくなる。

大胸筋をのばす

大胸筋は胸の前面にある扇型の大きな筋肉。ストレッチをすることでバストの周辺の筋肉を引き締め、胸のリンパの流れがよくなる。バストが垂れるのを防ぐ効果も。

胸を開く
あぐらをかき、両手を後ろで組む。パートナーに、後ろから胸を開くように、腕を引いてもらう。妊娠中、前かがみになりがちな肩の筋肉をほぐしていく。

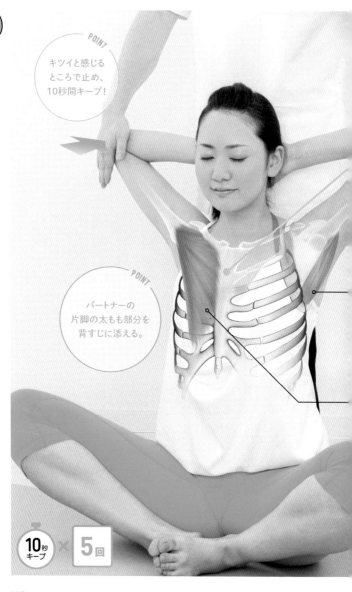

深いリンパを刺激して部分痩せ！リンパストレッチ

POINT

キツイと感じる
ところで止め、
10秒間キープ！

POINT

パートナーの
片脚の太もも部分を
背すじに添える。

10秒
キープ × 5回

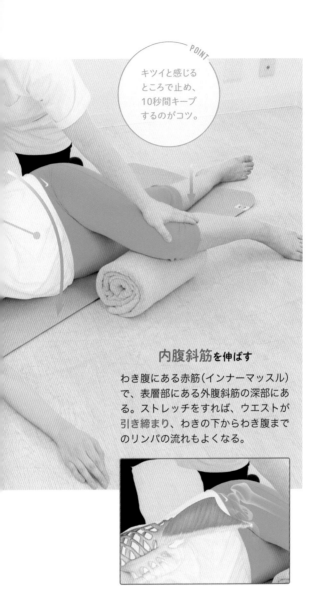

POINT

キツイと感じる
ところで止め、
10秒間キープ
するのがコツ。

内腹斜筋を伸ばす

わき腹にある赤筋（インナーマッスル）
で、表層部にある外腹斜筋の深部にあ
る。ストレッチをすれば、ウエストが
引き締まり、わきの下からわき腹まで
のリンパの流れもよくなる。

おなかのリンパ
の流れがよくなる

卵巣や子宮、内臓のまわりなどもすべてリンパが張りめぐらされている。おなかのリンパの流れがよくなると、腰まわりや足のむくみが解消される。

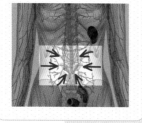

> **POINT**
> 肩が
> 浮き上がらない
> ようにやさしく
> 押える。

左右各

10秒キープ × **5回**

わき腹から腰を伸ばす

腕を真横に広げてあおむけに寝る。パートナーに片脚をゆっくり倒してもらう。脚の下に、丸めたタオルを入れると楽にできる。

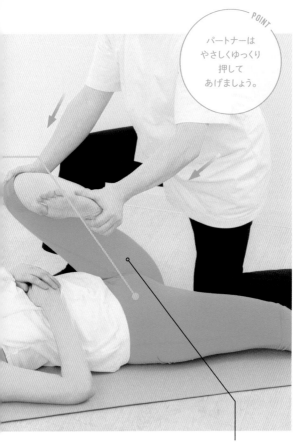

POINT

パートナーは
やさしくゆっくり
押して
あげましょう。

大臀筋・短内転筋を伸ばす

大臀筋は、お尻にある大きな筋肉。
脚を後方に上げたり、外側にひね
る働きがある。短内転筋は恥骨の
筋肉で、股関節の動きに深く働く。
ストレッチをすると、リンパの流れ
がよくなり、股関節周辺の動きが
よくなり、歩くのも楽になる。

そけい部のリンパ
の流れがよくなる

下半身からのリンパ液が集まる、そけいリンパ節がある。リンパの流れがよくなると、下半身のむくみが解消され、足も軽くなる。

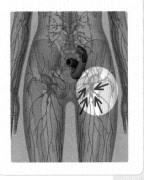

POINT

おなかを
圧迫するほどの
圧はかけない。

POINT

キツイと
感じるところで止めて、
10秒キープする。

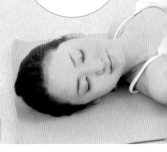

10秒キープ × 左右各 **5回**

お尻と股関節を伸ばす

あお向けになり、片脚を上げて、パートナーにひざとかかとを持ってもらう。股関節とお尻を伸ばすように押してもらう。

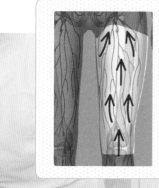

太もものリンパ
の流れがよくなる

ひざとそけい部の間にある太もものリンパは、下肢のリンパの重要部分。リンパの流れがよくなれば、太もものむくみやだるさを解消し、ひざへの負担も軽くなる。

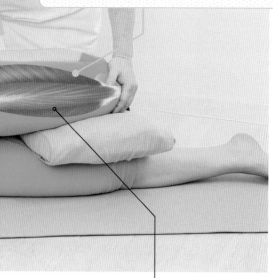

大腿四頭筋を伸ばす

太ももの前側にある筋肉。外側広筋、内側広筋、中間広筋、大腿直筋肉の4つの部位からなる。ストレッチをすることで、太ももをはじめとしたリンパの流れがよくなり、脚が軽くなり、脚全体を引き締めることにもなる。

POINT

キツイと
感じるところで
止めるようにして、
10秒キープ。

太ももを伸ばす

ひじ枕をしながら横向きに寝て、パートナーに足の裏が腰につくくらい、膝を深く曲げてもらう。両脚の間に、クッションなどをあてがうと楽。

10秒キープ × 左右各 5回

健康と美容のカギ！
リンパのパワーと
筋肉の働き

リンパがどういうものであるか紹介していきましょう。リンパにはどんな働きや役割があるのか、それらを知れば、なぜリンパストレッチやリンパマッサージがダイエットや美容に効果的なのかを詳しく知ることができます。

筋トレよりもストレッチ

規則正しい食生活を

リンパの働きを知ろう

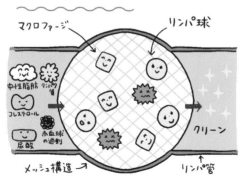

マクロファージ　　　　　　　リンパ球

中性脂肪　タンパク質
コレステロール
尿酸　　赤血球の過剰

クリーン

メッシュ構造　　　　　　　リンパ管

リンパは体中に
張りめぐらされている

リンパを形づくるのは
「リンパ管」「リンパ液」「リンパ節」

リンパはリンパ管、リンパ液、リンパ節の３つから形成されています。これらを含めたリンパのネットワークの総称を「リンパ」あるいは「リンパ系」と呼んでいます。

リンパは血管に沿っていて無色透明

血液が流れる血管と同じように、リンパも体中に張りめぐらされています。手先や足先にある細いリンパ管が合流を繰り返して太いリンパ管になっていきますが、リンパ管やリンパ節は無色透明。その中を流れるリンパ液も無色透明の液体です。

血液が流れる血管が体内に張りめぐらされているように、私たちの体の中には、血管に沿ってリンパ管が網の目のように張りめぐらされています。

リンパ管は、川の源流のように、細いリンパ管が幾度となく合流を繰り返し、太いリンパ管になります。リンパ液はそのリンパ管を通って流れます。リンパ管は、血管からしみ出した組織液（血漿）が細胞で使われな

全身をめぐるリンパ

リンパ管は、血管と同じように体中に張りめぐらされている。その途中にリンパ節が点在し、有害物質を通さないための細かいフィルターのような役割を果たしている。

組織液からなるリンパ液

採血した後の試験管に、半透明の液体が上澄みに出てくるが、これが血漿（けっしょう）という成分。この血管からしみ出した血漿は組織液となり、その組織液がリンパ管に回収されると、リンパ液になる。

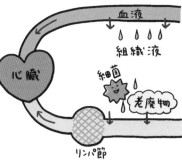

かった際に回収する役目がありますが、その時、一緒に老廃物や細菌などの有害物質も入ってくるので「リンパ節」がそのフィルターの役目をしています。一方、異物から体を守る免疫の戦闘部隊、リンパ球もここでつくられています。

手や足などから出発し、合流を重ねてきたリンパ液は、体の奥にある深部リンパ管に入ります。その都度、リンパ節を通ることで異物が浄化され、太いリンパ本幹へと合流し、鎖骨下の静脈角から心臓に入ります。

リンパ節の働き①

「浄化作用」

体内には約800個ものリンパ節がある

リンパ節は、全身にわたり約800個もあります。特に「首」「わきの下」「そけい部（脚のつけ根）」「ひざ裏」はリンパ節が多く集中する重要拠点として、4大リンパ節と呼ばれています。

老廃物や有害物質をろ過して
体内をきれいにする

リンパ節には、リンパ液に含まれる老廃物や人体に有害な物質を、細かいフィルターによってろ過する「浄化作用」が働いています。その結果、リンパ液はリンパ節を通るたびにクリーンになって流れていきます。

体内には、リンパ管の中継地点として、大小のリンパ管が約800個もあります。特に頸部（首）、腋窩（わきの下）、そけい部（脚のつけ根）、膝窩（ひざ裏）には多くのリンパ節が集中するので、4大リンパ節と呼ばれています。

リンパ節には2つの大きな働きがあります。そのひとつが「浄化作用」です。

リンパ管を流れるリンパ液に

リンパ節の役割

リンパ節は大きさは1〜25ミリくらいまでと差がある。リンパ節のおもな役割は、老廃物をフィルターで除去すること、リンパ節内でつくられるリンパ球で細菌を撃退することの2つ。

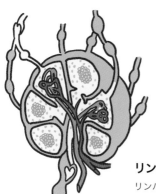

リンパ節が老廃物を除去する

リンパ節には細かいフィルターが張られている。リンパ液には、尿酸やアンモニアなどの老廃物が含まれているが、フィルターによって老廃物は取り除かれる。

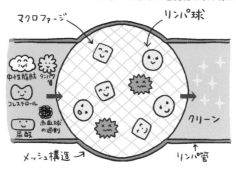

マクロファージ　リンパ球

中性脂肪　タンパク質
コレステロール
尿酸　赤血球の過剰

クリーン

メッシュ構造　リンパ管

は、タンパク質や脂肪などの栄養素のほかに、アンモニアや尿酸などの体に有害な老廃物も含まれています。これらの老廃物は、リンパ節を通過するたびに、リンパ節にある細かいフィルターによって、ろ過されて取り除かれます。その結果、リンパ液はクリーンな状態となり、体内に有害物質が流れるのを食い止めることになるのです。

　クリーンになったリンパ液は、栄養素だけを含んで静脈に入り、心臓に戻っていきます。

リンパ節の働き②
「免疫機能」

細菌やウイルスなどを撃退し感染から体を守る

体内や血液中に細菌やウイルスが入ると、体の防御を担う白血球が反応します。特にリンパ節の中では、白血球の中でも最強のリンパ球がつくられ、細菌やウイルスなどの病原菌を撃退します。

病原菌の残骸はマクロファージが処理

リンパ節では、リンパ球のほかに、マクロファージもつくられています。マクロファージは撃退した病原菌の残骸を食べてくれます。病原菌の残骸は残らず、リンパ節内は常にクリーンな状態が保たれています。

リンパ節のもうひとつの大きな働きは、「免疫機能」です。リンパ節には、病原菌などの感染から体を守る働きがあるのです。

体内や血液中に細菌やウイルスが入ると、体を防御する白血球が反応し、細菌やウイルスを退治する機能があります。特にリンパ節の中では、白血球の中でも最強のリンパ球がつくられています。

組織液内の細菌やウイルスは

リンパ球が病原菌を撃退

リンパ節内では、白血球の中でも最強のリンパ球がつくられる。そのリンパ球が病原菌を撃退するので、バイ菌やウイルスが全身に回るのを阻止し、病気から体を守ってくれる。

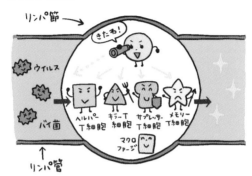

病原菌の残骸は
マクロファージが処理

リンパ節は、病気から体を守るリンパ球の他に、「マクロファージ」もつくっている。マクロファージは、リンパ球が撃退した病原菌の残骸を食べてくれるので、リンパ節内は残骸がなく、クリーンな状態が保たれる。

組織液と一緒にリンパ管に回収されますが、必ずリンパ節を通るので最強のリンパ球によって撃退されます。その結果、病原菌が全身に回ることを防ぎます。

この免疫機能がうまく機能しないと傷が治りにくく、風邪も引きやすくなります。私たちの体は病気にかからないよう、リンパによって守られているのです。

ちなみに、リンパ節内で撃退された病原菌の残骸は、マクロファージが食べてくれるので、リンパ節内は常にクリーンな状態となっています。

左側のリンパのほうが右側より倍以上も広い

下半身と左上半身は左側
右上半身は右側

リンパの大きな特徴のひとつとして、左リンパの分布域が右側よりもかなり広いことがあげられます。両脚や腹部、腰部などのリンパはすべて左側のリンパの領域です。左右とも、最終的には鎖骨下の静脈角に流れ込みます。

リンパの流れは「毛細リンパ管」から始まる

足先や指先にある毛細リンパ管がリンパの流れの始まりです。毛細リンパ管は皮膚のすぐ下にある浅いリンパで、複数の毛細リンパ管が合流を繰り返しながら、内部に太い弁をもつ太いリンパ管になっていきます。

リンパ管は、血管にほぼ寄り添うように全身をめぐりますが、リンパの流れは左右同じではなく非対称です。左側と右側では、異なった経路をたどり、最終的には左右にある鎖骨下の静脈角に流れ込みます。

右側のリンパの流れは、右腕と右上半身の浅いリンパが右リンパ本幹に集まり、右の鎖骨下にある静脈角に流れ込みます。

左側のリンパの分布は、右側

毛細リンパ管は 皮膚の表面近くを流れる

リンパ液は、毛細血管からにじみ出した後、リンパ管に集められる。足先や指先などが始点となる毛細リンパ管は浅いリンパで、皮膚のすぐ下を流れている。やがて、それらの複数の毛細リンパ管が合流し、内部に逆流防止の弁を持つ太いリンパ管となり、いくつものリンパ節を通る過程で太くなり、リンパ本幹となる。

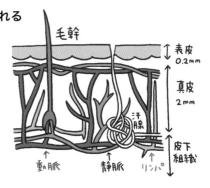

毛幹

表皮 0.2mm

真皮 2mm

汗腺

皮下組織

↑ 動脈　↑ 静脈　↑ リンパ

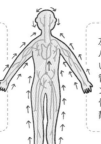

右側のリンパ

右側は右腕、右上半身の「浅いリンパ」が右リンパ本幹に集まり、右側の鎖骨の下にある「右鎖骨下静脈」へと流れていく。

左側のリンパ

左側は両脚の「浅いリンパ」から、おなかの「深いリンパ」へと流れ、胸管を通り、左上半身のリンパと合流し、左側の鎖骨の下にある「左鎖骨下静脈」へと流れていく。

よりもかなり広範囲。両脚のリンパ管は脚のつけ根の左右のそけい部に集まり、そけい部と骨盤からのリンパがひとつになって、腰リンパ本幹となります。

腰リンパ本幹には、腸からの腸リンパ本幹も運ばれて合流します。その際、小腸で吸収した脂肪が混入しているため、リンパ液が白くにごっています。これを「乳び」といい、乳びがたまっている場所を「乳び槽」といいます。ここから、最終目的地である左リンパ本幹である胸管につながっていきます。

血液は「循環」リンパは「一方通行」

血液は心臓を起点にして全身を循環して流れる

血液は、心臓を起点にして全身を循環します。心臓から動脈に流れた血液は、毛細血管に至ると、体に必要な酸素や栄養素を細胞に届けます。その後、静脈を通りながら老廃物や二酸化炭素を回収し、心臓に戻ります。

リンパは心臓に向かって一方通行に流れる

リンパは心臓に向かって一方通行です。血液のように心臓を起点にして循環するのではなく、手足の毛細リンパ管が起点となり、どんどん合流を重ねて、リンパ本幹に流れた後に静脈に入り、最終的に心臓に向かいます。

血管を流れる「血液」と、リンパ管を流れる「リンパ液」は、ともに最終的には心臓に向かう体内の大きな"流れ"ですが、その性質や役割は大きく異なります。

心臓から送り出された血液は、動脈を通り毛細血管からしみ出して、栄養素や酸素を全身の各細胞に運びます。その後、血液は静脈を通り、体の各部で生じた老廃物や二酸化炭素を回収し、

心臓のポンプ機能

循環する血液の流れ

血液は心臓を起点として循環する。動脈から毛細血管に至ると、今度はそのまま静脈を通り、心臓へと戻ってくる。

全身を循環

リンパは心臓に一方通行

リンパは、血液とは異なって循環はせず、心臓に向かう一方通行。リンパ本幹まで流れたリンパ液は、その後、鎖骨下静脈に流れ心臓に合流。

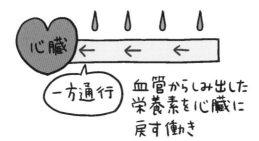

心臓 ← ← ←

一方通行

血管からしみ出した栄養素を心臓に戻す働き

心臓に戻ってきます。このように、血液は心臓を起点にして、全身を循環しているのです。

一方、リンパ液は血液とは異なり、循環せず、心臓に向かう一方通行です。手足の先にある毛細リンパ管がリンパの起点となります。

リンパ液は、血管からしみ出した組織液中の栄養素を回収したり、細菌などの退治をしながら太いリンパ本幹へと流れ、鎖骨下にある鎖骨下静脈に合流後、最終的に心臓に流れ込んでいきます。

血液のポンプは心臓
リンパのポンプは**筋肉**

筋肉を動かすことで
リンパの流れは活発化する

血液は心臓というポンプ機能があるおかげで血管を流れているのに対し、リンパは心臓に代わる強力なポンプ機能を持ちません。そこで、筋肉を動かすことで、リンパ液の流れを活性化するポンプ機能の役割を果たしています。

血液のろ過は腎臓
リンパのろ過はリンパ節

血液中の老廃物は腎臓でろ過されるのに対して、リンパ液中の老廃物は、リンパ節の細かいフィルターによってろ過されます。この浄化作用があることで、リンパ液はリンパ節を通るたびにクリーンになって流れていきます。

血液は、心臓によるポンプ機能で全身を流れていますが、リンパは心臓のポンプ機能で動いている器官ではありません。リンパ管自体に自発的に収縮するポンプ機能があるため、リンパ液に流れが生じています。しかし、このポンプ機能は心臓ほど強力なポンプ作用ではないので、その速度はとてもゆるやかです。

しかし、寝ている間は、リンパ管自体の自発的な小さなポン

4 流れを起こす リンパ管のポンプ機能

リンパ管には自発的に収縮するポンプ機能があり、その機能によってリンパ液に流れが生じる。しかし、リンパ管のポンプ機能は心臓ほどの強力なポンプ作用ではないので、その速度はとてもゆるやか。だからこそ体を動かして、体全体の筋肉を使うことが大切になる。

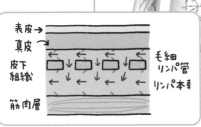

表皮→
真皮
皮下組織
毛細リンパ管
リンパ本幹
筋肉層

プ機能でも間に合いますが、起きて活動している間は、リンパ管のポンプ機能では間に合いません。そのため、リンパ管の周囲にある筋肉を動かすことによって、リンパの流れを活発にしています。筋肉はリンパの流れにとって、重要な役割を担っているといえるでしょう。

運動不足による筋肉の減少、筋肉のこりや疲れは、リンパの流れを悪くします。筋肉を動かすことは、リンパにとっても大切なことなのです。

「冷え」はリンパの流れを滞らせ 脂肪がつきやすい体質に

運動不足や冷たい物の摂り過ぎは体の冷えに

現代人の多くは運動をする機会も少なくなりがちです。その一方で、季節を問わず、冷えた飲み物や食べ物を摂り過ぎたり、入浴もバスタブにつからずシャワーだけで済ます人もいます。

これらの要因が重なると、体の『冷え』の原因となります。体が冷えると、ホルモンを分泌させるための酵素の働きが悪くなってホルモンバランスが崩れてしまったり、胃腸をはじめとする内臓の活動が低下することで、体の調子が悪

くなることが多くあります。体温が35度台であれば、確実に冷え過ぎといえるでしょう。

代謝が低下して脂肪がつきやすい身体に

冷えはリンパの流れも悪くします。体が冷えてしまうと筋肉や内臓なども冷えて動きが低下し、その周辺を流れるリンパの流れも悪くなってしまうからです。特に『痩せたい』と思っている時は、おなかを冷やさないことが大切です。おなかは内臓が集まる重要な場所ですが、リ

おなか周りの脂肪が気になる人は、リンパストレッチで内臓周辺のリンパを活性化させ、内臓の機能を高めていくのが効果的。体の代謝が上がり、痩せやすい体質になっていく。インナーマッスルに届くよう、ゆっくりとストレッチしていこう。腸の消化機能も活性化するので、気持ちのよい排泄も期待できる。

ンパもたくさん集まっています。もし、内臓が冷えて働きが低下してしまうと、体全体のリンパの流れも悪くなります。その結果、体の代謝が低下し、脂肪がつきやすい体質になってしまうのです。おなかを触ってみて、もし冷たければ、リンパの流れが悪くなっている証拠。リンパストレッチで体を動かして冷えを防止し、代謝を上げて、脂肪が燃焼しやすい「痩せやすい体質」を目指していきましょう。

リンパストレッチができない時は、おなかを時計回りにさするマッサージでも効果があります。おなか全体が温まることで、リンパの流れもよくなっていきます。

体のさまざまな活動は 筋肉の動きから はじまる

細かな筋が何層にも重なり 複数が連動して伸縮する

筋肉は何層にも重なっています。そのほとんどが単独では作用せず、複数が連動して伸縮し、その伸縮によって骨が動きます。人は筋肉の動きによって、体を動かすことができるのです。

筋肉を理解すれば リンパストレッチに効果大

リンパストレッチは、インナーマッスルを活発に伸縮させ、リンパの流れをよくするストレッチです。筋肉の構造をよく知れば、自分の痩せたい部位についてくわしく知ることができ、より効果的にダイエットができます。

　私たちの体は、何層にも重なったいろいろな種類の筋肉を動かして、いろいろな動作を生み出します。筋肉はそのほとんどが単独では作用せず複数が伸縮し、そのまわりの骨を引っ張り、その結果、体を自在に動かしているのです。

　筋肉の構造を知らなくてもリンパストレッチはできますが、筋肉のつくりや働きを理解すると、もっと効果的なリンパスト

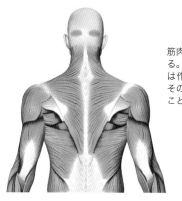

筋肉は何層にも重なっている。そのほとんどが単独では作用せず複数が収縮し、その伸縮によって骨は動くことができる。

典型的な筋繊維は、長さが2〜3cm、直径が0.05mmと顕微鏡レベルの細さになる。これらの筋繊維はさらに細い筋原繊維群からできている。なお、筋肉の収縮のために、無数の毛細血管が酸素とグリコーゲンを供給している。

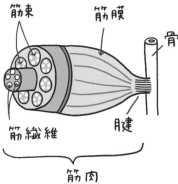

筋束　筋膜　骨

筋繊維　腱

筋肉

レッチが可能になるでしょう。

そのためにも、この章では、筋肉のつくりや働きを紹介します。

筋肉を細かく見ると、じつにさまざまな組織でできています。

筋肉は筋膜という膜で包まれた筋束が束になり構成されていて、さらに筋束の中に筋繊維があります。いちばんの基本となる筋繊維を鍛えることで、筋肉を若々しく保つことができます。

筋繊維の伸び縮みで人はエネルギーを生み出すことができるのです。

白筋は瞬発力にすぐれるパワー型の筋肉

速筋とも呼ばれ速く伸び縮みする筋肉

白筋は、速く伸び縮みすることができ、瞬時に大きなパワーを出す時に力を発揮する筋肉です。別名で速筋といわれます。物を持ち上げる、速く走る、高くジャンプするなど、瞬間的に力を出す時に働きます。

白色をしていてエネルギー源はブドウ糖

赤いミオグロビンを少量しか含まないので、白筋は白色の筋肉です。酸素を取り込むことでエネルギーをつくり出すミトコンドリアが少ないので、白筋は無酸素でも燃焼できるブドウ糖をエネルギー源としています。

筋肉は白筋（アウターマッスル）と赤筋（インナーマッスル）の2種類で構成されています。

白筋は速筋ともいわれ、体の表面近くにあるアウターマッスルに多く存在します。酸素を蓄える赤色をしたミオグロビンが少なく、白い色をしているので、"白筋"と呼ばれています。

白筋は、速く伸び縮みをし、瞬発力にすぐれたパワー型筋肉です。持久力には欠けています

白筋（アウターマッスル）の特徴

瞬発力にすぐれる

荷物の持ち上げなどに力を発揮

ミオグロビンが少ないので白い色をしている。エネルギーをつくり出すミトコンドリアも少ない。白筋のエネルギー源は、おもにブドウ糖。ブドウ糖は筋肉中に少ししかないために、短時間で消耗する。

が、瞬間的に大きな力を出す特質から、短距離選手やウエイトリフティングなどでは、この白筋が活躍します。日常生活で荷物を持ち上げる時にも、白筋が働いています。

運動をすると、筋肉の細胞中にあるミトコンドリアが酸素を取り込んで、エネルギーをつくり出していきますが、白筋はミトコンドリアを少量しか持ません。そのため、白筋は無酸素でも燃焼できるブドウ糖をエネルギー源としています。

赤筋は
持続力にすぐれる
持久力型の筋肉

遅筋とも呼ばれ
伸び縮みが遅い筋肉

赤筋は伸び縮みが遅く、持久力を必要とする時に力を発揮する筋肉です。別名で遅筋といわれます。ウォーキング、ジョギング、あるいは姿勢を一定時間安定させるなど、継続して同じ運動をする時に働きます。

エネルギー源は脂肪なので
より多くの脂肪を消費できる

赤いミオグロビンを多く含んでいるので、赤色をしています。脂肪をエネルギー源とし、酸素を必要とするミトコンドリアを多く含むので、長時間持続的に動くことができ、その結果、より多くの脂肪を燃焼できます。

赤筋は、骨の近くにある深層部のインナーマッスルに多く存在し、酸素を蓄える赤色をしたミオグロビンが多く含まれるので、赤い色をした筋肉です。白筋が速筋といわれるのに対して、赤筋は遅筋ともいわれます。

白筋と比べると伸び縮みは遅いものの、繰り返しの運動をしても疲労しにくい持久力型筋肉です。ジョギングをしたり、姿勢を安定させて体のバランスを

赤筋（インナーマッスル）の特徴

持続力にすぐれる

**姿勢を安定させて
バランスを保つ**

酸素を蓄える赤いミオグロビンが多いため赤色で、筋肉内のミトコンドリアが多いために、エネルギーの産生力が高い。エネルギー源は脂肪で、赤筋を動かすと、より多くの脂肪を消費することができる。

保つ際には、赤筋が働きます。

赤筋のエネルギー源は脂肪。

酸素を必要とするミトコンドリアが赤筋内には多くあるためにエネルギーの生産力が高く、より多くの脂肪を消費することができます。持久力にすぐれる長距離ランナーに痩せタイプが多いのは、このためです。

本書で紹介するリンパストレッチは、この赤筋を効率的に動かし、なおかつ、深層のリンパの流れをよくするストレッチになります。

基礎代謝のアップは必ずしもダイエットにならない

基礎代謝とは生命維持活動で消費されるエネルギー

呼吸をする、心臓を動かす、体温を保つなど、さまざまな生命活動のために常に使っているエネルギーのことを基礎代謝といいます。起きている時はもちろん、寝ている間にも消費されるエネルギーです。

筋トレで筋肉量を増やしてもダイエットするのは難しい

米（ご飯）約80gを基礎代謝（筋肉のみ）で消費するには、筋肉を約2.8kg増やす必要があります。2.8kgの筋肉を増やす筋トレは決して簡単なことではなく、筋トレによるダイエットも決して効果的ではないのです。

基礎代謝とは、生命活動を維持するために自然に行なう活動の際に生じるエネルギー量のこと。1日のエネルギー消費量のうち、基礎代謝は約60％を占め、男性で約1500キロカロリー、女性で約1200キロカロリーが消費されるといわれます。

基礎代謝量は男女とも10代をピークに加齢とともに減少し、40代を過ぎると急激に減少していきます。食べる量は変わらな

人間の基礎代謝の割合

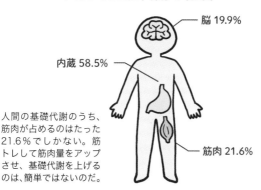

脳 19.9%

内蔵 58.5%

筋肉 21.6%

人間の基礎代謝のうち、筋肉が占めるのはたった21.6％でしかない。筋トレして筋肉量をアップさせ、基礎代謝を上げるのは、簡単ではないのだ。

ダイエットに効果的なのは…

リンパストレッチで活動代謝を上げるほうが簡単。

筋トレで基礎代謝を上げるのは難しい。

いのに、年をとるにつれて太りやすくするのはそのためです。

一般的に、基礎代謝をアップさせることはダイエットにつながるといわれています。そのため「基礎代謝をアップさせるには筋トレが効果的」といわれますが、筋トレして筋肉量を上げ、基礎代謝をアップさせるのは、実は容易ではありません。

そこで、リンパストレッチでインナーマッスルを動かして活動代謝を上げ、脂肪燃焼させるほうが、ダイエットにはより効果的なのです。

活動代謝のアップが
ダイエットになる

活動代謝とは体を動かすことで消費されるエネルギー

運動や肉体労働など、体を動かすことで使うエネルギーのことを活動代謝といいます。基礎代謝と異なり、人が意識して体を動かす活動の際に消費するエネルギーを指します。

活動代謝のアップがダイエットになる

筋トレを行なって白筋を増やし、基礎代謝を上げるやり方より、リンパストレッチで赤筋を動かして脂肪を燃焼させ、活動代謝をアップさせるほうが、よりダイエットへの近道。リンパの流れもよくなって老廃物も排除されるので、一石二鳥なのです。

146ページで、ダイエットには活動代謝をアップさせることが効果的と紹介しました。

活動代謝とは、運動や仕事など、日常生活で体を動かすことで消費されるエネルギーのこと。1日に消費されるエネルギー量の20〜30％と基礎代謝に比べて少ないですが、活動代謝をアップさせることは、基礎代謝のアップよりもダイエットへの近道なのです。

リンパストレッチで
インナーマッスルを
動かす

インナーマッスルの栄養源
である脂肪を燃焼すること
になるので、痩せることに
直接つながる。

インナーマッスルを大きく伸縮させる
リンパストレッチは
さらに深層リンパにも効く

深層リンパにも
効かせて
ダブルの効果

インナーマッスルを大
きく伸縮させるリンパ
ストレッチは、イン
ナーマッスルを鍛えて
脂肪を燃焼させるだけ
でなく、深層リンパに
も大きな効果。深部の
リンパの流れも確実に
よくなる。

深層リンパに効く

その活動代謝をアップさせる
のに最適なのが、リンパスト
レッチです。前述したように、
リンパストレッチはリンパの流
れをよくするだけでなく、イン
ナーマッスル（赤筋<small>（せっきん）</small>）を動かす
ことにもつながります。イン
ナーマッスルの栄養源は脂肪な
ので、リンパストレッチを行う
ことで体内の脂肪が燃焼され、
痩せることに直接つながるので
す。リンパストレッチは、筋ト
レのような負荷もかからず、ひ
とつのストレッチがたった10秒
ですみます。

ダイエットには
規則正しい食習慣も
重要

リンパストレッチをより効果的に

リンパストレッチによる体内の脂肪燃焼は、痩せることに直接つながりますが、その効果を無駄にしないために、規則正しい食生活を送ることも大切です。規則正しい食事は、脂肪を効率よく燃焼させることにつながるからです。

不規則な食生活はダイエットにマイナス

決められた時間に食事をすることだけでも、ダイエットにつながります。それは、不規則な食生活により、体はいつエネルギー源が入ってくるかわからず、蓄えようとする体質になってしまうからです。

ダイエットにはリンパストレッチで脂肪を燃焼させるのが効果的ですが、さらに効率よくダイエットを進めるためには、リンパストレッチの他に、規則正しい食生活も大切なポイントです。規則正しい食事は脂肪を効率よく燃焼させることにつながります。逆に不規則な食習慣は、脂肪をためこみやすくなるのです。

5大栄養素（炭水化物、脂質、

4

脂肪を減らす条件

①リンパストレッチで活動代謝をアップ

インナーマッスルを動かすことで、活動代謝がアップ。
インナーマッスルの栄養源である脂肪を燃焼させる。

②規則正しい食生活

不規則な食生活は
体の脂肪を増やすことに。

内臓の消化作業が規則的になり、
活動代謝も効率的になる。

タンパク質、ビタミン、ミネラル）をバランスよく摂れる食事をし、リンパストレッチなども習慣として進めているのに、思うほど体重が減らないのであれば、食生活が不規則なのではありませんか？　バラバラな時間で食事をすると、栄養素がいつ入ってくるかわからず、体はエネルギー源を蓄えようとしてしまい、脂肪を増やすことになります。

食習慣とダイエットの関係については、CHAPTER5で詳しく紹介します。

仕事や家事のすき間の時間に
体を動かす機会を増やして痩せ体質に！

仕事中も座りながらリンパストレッチ

毎日体を動かして、スレンダーボディを手に入れたい。とはいえ仕事や家事に追われ、自分のために使える時間がなかなかない人が多いようです。けれど、仕事や家事のすき間の時間を使えば、体を動かす機会は格段と増やせます。

例えば、1日の大半をデスクワークで過ごす人は、首や肩、背中、脚などの血液やリンパの流れが滞りがちで、全身がむくみがちになったり、脂肪がつきやすくなります。このような場合は、椅子に座りながらできるリンパストレッチで、首や胸、腕などのリンパの流れを促し、鎖骨下のリンパの流れを重点的に活性化させましょう。鎖骨下周辺のリンパの流れがよくなることで、上半身が引き締まっていきます。

ウォーキング習慣でお尻や脚を引き締める

立ち仕事や外回りの仕事の後は、太ももやふくらはぎのリンパストレッチを。足の疲れや余分な水分、むくみが取れ、魅力的な美脚に近づ

首周りのリンパストレッチは、首やフェイスラインを引き締める効果がある。首のシワが気になる人も取り入れてみよう（写真右）。太もものリンパストレッチは、ふくらはぎやひざ裏など、脚全体のリンパの流れもよくする。魅力的な美脚になるために、ぜひ取り入れたいストレッチのひとつ（写真左）。

きます。

　美脚や引き締まったお尻を手に入れるためには、通勤時や買い物に出かける時に、ウォーキングを習慣にするものも効果的。ウォーキング用の靴で歩けば、ひざや足首、足裏への負担も少なくなります。かかとの高いハイヒールだと歩きにくいだけでなく、姿勢を崩す原因にもなるので注意。

　また、ウォーキングの際は、かかとで着地し、つま先で地面を蹴り出すように進めば、脚全体の筋肉が使われます。歩幅はいつもより広く、さらに前方に着地するイメージで行なうと、より効果が得られます。

リンパストレッチと一緒に痩せ体質になる食習慣を！

筋肉のつくりや働きを理解すれば、より効果的で、ダイエットにつながるリンパストレッチが可能となります。筋肉の種類や筋肉と活動代謝、リンパストレッチとの密接な関係について紹介していきます。

ゆっくり食べてダイエット

疲れは、炭水化物で回復

「ちょこちょこ食べ」って？

理想的な食事の回数はやはり1日3食なの？

食事の回数は目的によって回数が異なる

ダイエットを考えているなら「ちょこちょこ食べ」が効果的

ダイエットで大切なのは、全体の食事のカロリーがオーバーしないこと。1日4〜5食など「ちょこちょこ」食べることで、急激な血糖値の上昇から糖が脂肪細胞へ送られるのが抑えられ、太りにくくなります。

寝る前にエネルギーは不必要なので野菜を中心とした食事に

エネルギーが余った状態で寝てしまうと、身体に蓄えられて脂肪になってしまい、太る要因になります。また、少なくとも、寝る4時間以上前に食事をすませることが大切です。

食事は、規則正しく摂ることが大切です。不規則な食生活は、脂肪をため込みやすくなります。

では、理想の食事回数はやはり「1日3食」なのでしょうか？ 実は理想の食事回数は目的によって少し異なります。

まず、食事を美味しく食べたい人は、1日3食がよいでしょう。食事の間隔が開くことで適度におなかが空き、とても美味しく感じるからです。

一方、食事の面でも気を配ってダイエットを考えている人はどうでしょうか？

ダイエットで大切なのは、全体の食事のカロリーがオーバーしないことです。そこで1日3食に限定せず、必要なカロリーを1日で割った「ちょこちょこ食べ」が有効になります。1日4食、あるいは5食などにして、おなかが空く前に「ちょこちょこ」食べることで、血糖値が急上昇することを抑えることになり、過剰なカロリーを摂らずに空腹感をうま

「ちょこちょこ食べ」で太らない

1日4〜5食の「ちょこちょこ食べ」
なら、食事の際に血糖値が上昇す
るのを抑え、太りにくくなる。

く逃し、結果として太りにくくなるのです。

また、朝と昼、夜では、使われるエネルギーが変わることから、摂るべき栄養素が異なってきます。

朝食にかかせない栄養素は「糖分」です。午前中から頭を働かせるには、すぐに脳のエネルギーになる糖分を摂ることが必須になります。ごはんやパンなどの炭水化物や、時間がない時でも甘めのカフェオレを摂りましょう。

昼は肉や魚などを中心に、タンパク質を摂ります。また、脂質は分解と消化に時間がかかるので、夕食が遅くなる時は、脂質をしっかり摂っておくことで、夕食の食べ過ぎ防止になります。

夜に摂りたいのは食物繊維です。翌朝にしっかりとお通じがあることが大切なので、根菜類など、野菜多めの食事が理想です。

また、体の細胞を修復するのは夜なので、タンパク質やビタミンを積極的に摂りましょう。

ゆっくり食べたほうが
ダイエットにつながる

ゆっくり食べることで
太りにくくなる

インシュリンがおさえられ
血糖値の上昇が穏やかになる

ゆっくり食べれば、糖を中性脂肪に変えて、脂肪細胞にためこもうとするインシュリンが抑えられ、血液中の血糖値がなだらかな状態になります。結果、太りにくい体になります。

十分な唾液が分泌され
栄養素がしっかり消化される

ゆっくり食べることは、食物をよく噛んで食べることにつながります。その結果、十分な量の唾液（消化液）が分泌されるので、体内に取り入れられた栄養素も確実に分解され、他の消化器を助けることにつながります。

みなさんは、食事にどのくらいの時間をかけていますか？　日々時間に追われ、少ない時間で慌てて食事を摂っていませんか？

食事をゆっくり食べることはとても大切です。

「早食い」はダイエットにももちろん、健康のためにもよくありません。

なぜなら、ゆっくりと食べることで、血糖値の上昇が穏やかになり、太りにくくなるからです。

血液中の血糖値が約110mg／dl以上あるとインシュリンが体内に分泌されます。このインシュリンは糖を中性脂肪に変えて、脂肪細胞にためこんでしまいます。これが「太る」ということなのです。

このインシュリンを過剰に働かせないようにするためには、なだらかに上昇する状態にすることが必要になります。したがって、仮に同じ量の食事をするのであっても、ゆっくり食べていれば、血糖値の急上昇は抑えられ、食べ過ぎも防げ、太りにく

ゆっくり食べてダイエット

ゆっくり食事をすれば、血糖値の急上昇を抑えられ、太りにくくなる。よく噛むことにもなるので、十分な量の唾液も分泌され、消化もよくなる。

くなるのです。

人間の脳が満腹を感じるポイントは実は血液中の血糖値。その値で判断しています。

通常、空腹から食事をして血糖値が安定してくるのには少なくとも20分ほどかかります。仮に20分以内で食事を終わらせてしまうと、満腹感を得る前に食べ過ぎを起こしてしまい、血糖値の急激な上昇分が脂肪細胞へ送られてしまいます。ですから、30〜40分ほど時間をかけるだけでも、血糖値の上昇もゆるやかになり、ダイエットにつながるのです。

ちなみに、ゆっくり食事をすることは、糖尿病のリスクを避けることにもつながります。一部の糖尿病を除いて糖尿病の原因は生活習慣病ですが、運動不足やカロリーの過多より、「早食い」をやめることのほうが、糖尿病のリスクを下げることにつながります。

砂糖を摂ると太るって本当なの？

砂糖を摂っても すぐに体重増加とならない

糖類はブドウ糖となって すぐに消費される

砂糖は体内に吸収されると、すぐにブドウ糖にされて、血液中に取り込まれます。ブドウ糖は体のエネルギー源となるので、吸収も早いですが、消費も早いのです。

甘い物を欲しがるには理由がある

甘い物をたくさん欲しいと感じてしまうのは、脳が疲労している状態です。ブドウ糖は脳の唯一のエネルギー源となるので、それだけ脳が糖分を欲し、疲労を回復させるためのエネルギーを補給したい状態となっているのです。

ダイエットの天敵として、スイーツなどに多く含まれる砂糖がまず思い浮かびます。

砂糖を摂取すると、すぐに血糖値が上がります。

日常的に、甘い物を食べ過ぎると太りやすくなるのは事実ですが、だからといって「砂糖は太るもの」という考え方は正しい認識ではありません。砂糖を食べるから、太るわけではないのです。

一般的に「砂糖＝太る」と思われがちなのは、体内ですばやく吸収されるために、砂糖が血糖値を急上昇させるから。前述したようにインシュリンが分泌されて糖を中性脂肪に変えてしまい、それが太る原因とされてしまっているからです。

砂糖などの糖類は、体内に吸収されると、最終的にブドウ糖に統一されて血液中に取り込まれます。

しかし、ブドウ糖は脳や体のエネルギー源となるのです。したがって、砂糖をはじめとした糖類は、本来貯めるためではなく、すばやくエネルギーとし

162

脳は疲れると糖分を要求

デスクワークが続くとエネルギー不足になるので、脳の唯一のエネルギー源の糖分を欲しがるようになる。

砂糖はブドウ糖となってエネルギー源に

砂糖は素早く吸収されブドウ糖へ

↓

血液にのって体内に分配

↓

エネルギーに

て消費するためのものなのです。

また、私たちには「味覚」があり、砂糖を一度にたくさん摂取することはできません。一定量を摂ると、体が「もういらない」というサインを出し、自動的にブレーキがかかるようにできているのです。

どんなに甘い物好きの人でも、大量の砂糖を直接摂るのは、とても大変なことです。仮にコーヒーや紅茶にスティックシュガーを入れるとしても、せいぜい1～2本ではないでしょうか？

ちなみに、甘い物をいっぱい食べたいと感じるのは、脳が糖分を異常に欲している状態、つまり、脳が疲労している状態であるといえます。

脳はブドウ糖だけをエネルギー源にしており、エネルギーが不足してくると、体が自然と甘い物を欲するようになるのです。

タンパク質を摂ることが
ダイエットの秘訣

タンパク質を多く含む
肉や魚をしっかり摂る

他の栄養素を吸収するには
タンパク質が必要

栄養素が体に吸収されるには、タンパク質が必要になります。ですから、野菜に含まれるビタミンやミネラルなどの栄養素を摂取するには、タンパク質を多く含む肉や魚も一緒に摂ることが必要になるのです。

野菜だけ食べても
ダイエットにはならない

野菜中心の食事制限をすると、一時的に大きく体重が減ります。しかし、それは筋肉が減ったためで、脂肪はなくなっていません。そのためリバウンドしてしまうのです。

最近では、野菜こそが健康の源であり、油や肉、炭水化物は控えめに、といわれることが多いようです。野菜には、確かにビタミンやミネラルを中心にさまざまな栄養素が含まれています。しかし、野菜だけを摂るのは間違いです。

基本的に、野菜はエネルギーとはなりません。エネルギーとならない野菜や果物だけを摂っていても、体を壊してしまいます。

また、ビタミンやミネラルが体に吸収されるには、タンパク質が必要になります。つまり、野菜に含まれるビタミンやミネラルなどの栄養素をしっかり摂取するには、タンパク質を多く含む肉や魚も一緒に摂ることが必要になるのです。

人間の体は、ほとんどがタンパク質でできています。肌や髪、臓器などはタンパク質で維持されています。特に筋肉にはタンパク質が多くあります。肉や魚を摂らず、タンパク質が欠乏してくると、体の

タンパク質が多く含まれる食品を多く摂る

野菜だけ食べて、一時的に痩せても本当のダイエットにはならない。ビタミンやミネラルなどの栄養素を吸収するには、タンパク質が必要。それらを多く含む食品をバランスよく摂るのが大切。

機能としては、骨格筋（運動で使う筋肉）を分解してアミノ酸にして肝臓に送り、生きるために必要な場所に送られます。そうなると骨格筋が髪や肌、血液などを維持する素材にされてしまうため、筋肉の量が減ってしまうのです。骨格筋は人の体重の約半分を占めるので、素材となる分、体重は減少しますが、これは本当の意味で痩せたことにはなりません。

野菜ばかり食べるダイエットをして1週間もすると、大きく体重が減ります。しかし、それ以降に同じことをしても、脂肪を燃焼させる筋肉がないので活動代謝は悪くなり、逆に体重は落ちなくなります。つまり、かえって痩せにくくなってリバウンドしてしまうのです。だからこそ、野菜だけのダイエットは効果がないのです。

健康維持とダイエットを効率よく行なうために、野菜だけでなく、タンパク質を多く含む肉や魚、あるいは大豆も食べるようにしましょう。

炭水化物は本当に ダイエットの敵なの?

炭水化物はエネルギー源となる重要な栄養素

炭水化物を摂らなくなると 元気に体を動かすことができない

炭水化物を摂らなくなると、体を十分に動かすことができなくなります。その結果、活動代謝も上がらず、リンパストレッチを行なっても、ダイエット効果は十分に上がりません。

炭水化物は単体で 「糖質＋ビタミンB1」を持つ

炭水化物が含まれる食材には、ビタミンB1という大きな存在を忘れてはいけません。ビタミンB1は、糖質をエネルギーに変える重要な栄養素。炭水化物だけで両方を同時に摂ることができるのです。

「炭水化物は太る」といわれがちですが、それは誤りです。炭水化物はすぐにブドウ糖に形を変えて吸収され、すぐに血糖値が上がるので太りやすい、と唱えた学者がいましたが、それも古い考えです。

確かに摂り過ぎはカロリーオーバーになるのでよくありませんが、炭水化物は本来、私たちが活動するためのエネルギーとなる重要な栄養素です。炭水化物を摂らなくなると、体は元気に動かなくなってしまいます。その結果、体を十分に動かすことができないので活動代謝も上がらず、ダイエットにつながりません。

また、炭水化物が含まれる食品には、ビタミンB1が多いことも、炭水化物をしっかりと摂ることが重要だといわれる理由のひとつになります。

人の体の動力源となるエネルギーは、ビタミンB1が運搬役となって、炭水化物（糖質）を燃焼工場に送り込むことで生まれます。ビタミンB1が、糖質

5

エネルギー源となる炭水化物

炭水化物抜きは間違い！

疲れた時は、糖質とビタミンB1を合わせもつ白米をとるとパワー回復。

白米などの炭水化物を抜いた食事は、脂肪を燃やすエネルギー源を得られないため逆効果。

をエネルギーに変える役割を担っているのです。

効率よくエネルギーを補給するためには、ビタミンB1が多く含まれる豚肉や豆類などの食品を、エネルギーの素となる糖質と一緒に摂ることが必要ですが、炭水化物は単体で、「糖質＋ビタミンB1」の組み合わせを持っていることが重要なのです。

炭水化物を食べるだけで、糖質とビタミンB1を一緒に摂ることができるので、炭水化物は効果的にエネルギー補給ができるといえるでしょう。

炭水化物中のビタミンB1の含有量が多い食品のひとつに白米やパスタがありますが、エネルギー補給をする際に、白米は特に有効です。

なぜなら、ビタミンB1は水に溶けやすい特徴があるからです。白米は炊く時に水につけ込みますが、ビタミンB1が水に溶けても、炊かれる過程で白米に吸収され、そのため、無駄なくビタミンB1を摂ることができるのです。

いつまでも自然に美しく！ 筋肉の衰えを防いでアンチエイジングを

Diet +α ❸

顔のたるみは筋肉の衰えが原因

筋肉は加齢とともに衰えますが、実は、目の下、ほお、あごのたるみもすべて筋肉の衰えが原因です。若々しい表情を保つには、日頃から目、口、ほおをややオーバーに動かすのが効果的。同時に顔のリンパストレッチを行っていけば、肌のリフトアップが期待できます。

「まだ若いから大丈夫」と思っている人も油断は禁物。例えば、デスクワークでパソコン作業をしている時は、モニターに集中しているの

で、目の瞬きの回数も減り、顔も無表情になりがちです。歩かなくなると脚の筋肉が衰えるように、顔の筋肉も動かさなくなると、衰えてしまいます。毎日の顔のリンパストレッチを心がけましょう。

バストラインを保つポイントは？

バストラインも、年齢による胸や腕の筋肉の衰えにより崩れがちに。胸からわきの下、腕のリンパストレッチを重点的に行なうのが効果的

リンパストレッチと一緒に痩せ体質になる食習慣を！

目の下やほお、あごのたるみを解消するには、顔の筋肉・表情筋を動かすリンパストレッチを。ハリのある顔になり、表情もイキイキとしてくるハズ（写真右上、右下）。胸にある大胸筋は扇型をした大きな筋肉。リンパストレッチをすることで、バスト周辺の筋肉を引き締め、バストアップに貢献する（写真左）。

です。姿勢をよくして胸を張りながらリンパストレッチをして、周辺のリンパの流れを活発にしましょう。

また、サイズに合ったブラジャーを選ぶことも大切です。見た目だけで選んでサイズが合っていないと、猫背になってしまったり、締めつけが強すぎることで血流やリンパの流れが悪くなります。肩こりの原因にもなるでしょう。睡眠中のブラ着用も逆効果。胸の型をキープするには、着用しないで寝ることをおすすめします。

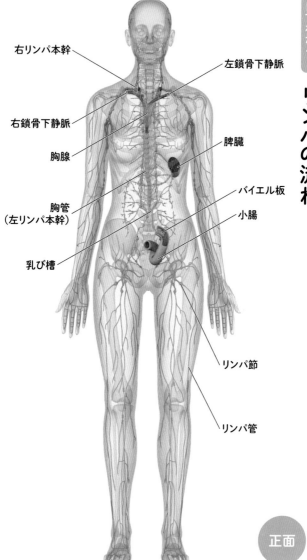

リンパの流れ

右リンパ本幹

左鎖骨下静脈

右鎖骨下静脈

胸腺

脾臓

胸管
（左リンパ本幹）

バイエル板

小腸

乳び槽

リンパ節

リンパ管

正面

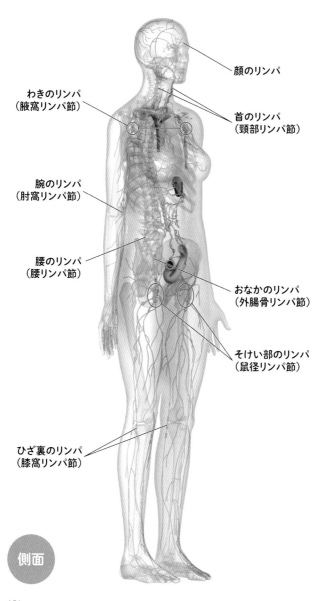

顔のリンパ

わきのリンパ
（腋窩リンパ節）

首のリンパ
（頸部リンパ節）

腕のリンパ
（肘窩リンパ節）

腰のリンパ
（腰リンパ節）

おなかのリンパ
（外腸骨リンパ節）

そけい部のリンパ
（鼠径リンパ節）

ひざ裏のリンパ
（膝窩リンパ節）

側面

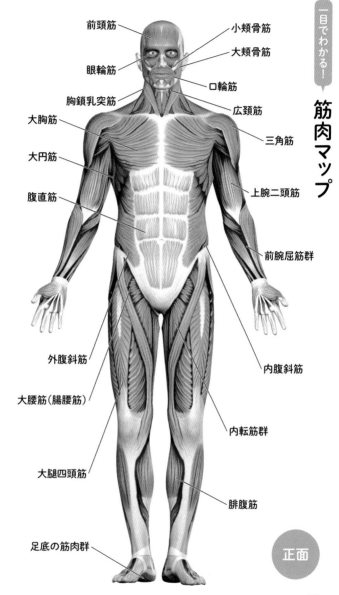

一目でわかる！

筋肉マップ

前頭筋

小頬骨筋

大頬骨筋

眼輪筋

口輪筋

胸鎖乳突筋

広頚筋

大胸筋

三角筋

大円筋

上腕二頭筋

腹直筋

前腕屈筋群

外腹斜筋

内腹斜筋

大腰筋（腸腰筋）

内転筋群

大腿四頭筋

腓腹筋

足底の筋肉群

正面

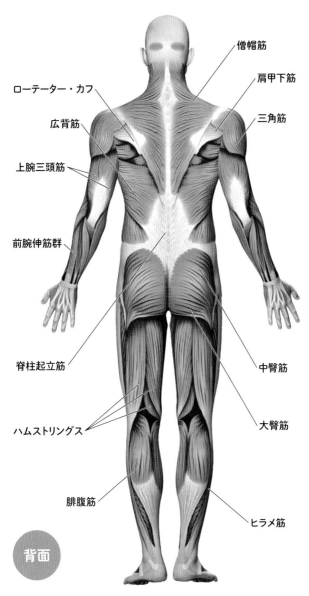

僧帽筋

肩甲下筋

三角筋

ローテーター・カフ

広背筋

上腕三頭筋

前腕伸筋群

脊柱起立筋

中臀筋

大臀筋

ハムストリングス

腓腹筋

ヒラメ筋

背面

173

血圧相談室

加藤雅俊が直接指導

血圧を下げるために必要な食事法やツボ、運動法を直接指導します。年齢や性別、体格や筋肉量の違いによって高血圧の原因はさまざまです。将来的に高血圧の薬を卒業されたい方はぜひ、ご相談ください。遠方のかたは、オンラインでも行っております。

JHT ROOTMAINT®
日本ホリスティックセラピストアカデミー

加藤雅俊が校長を務めるホリスティックスクール

根本的なアプローチで健康を目指すROOTMAINT®（ルートメンテ）を提唱しています。ルートメンテは、食事や運動、睡眠を通してさまざまな病気を予防し、不調を改善し、最高のコンディションを引き出すことを目的としています。その考えかたに基づき、食、運動、睡眠のための健康指導者を養成しています。25年間、加藤雅俊自ら教壇に立ち続け、その指導を求めて今も全国から生徒が集まり、資格取得講座として不調を癒す運動療法が学べる「リンパメトリック® インストラクター」や、リンパマッサージやツボ押しが学べる「ホリスティックリンパマッサージ」、医学と科学を合わせた栄養学「体内環境師®」など、資格講座が多数あります。

加藤雅俊(かとう まさとし)

薬剤師/体内環境師®/薬学予防医療家
ミッツ・エンタープライズ(株) 代表取締役社長
JHT日本ホリスティックセラピー協会会長
JHT日本ホリスティックセラピストアカデミー校長

大学卒業後、ロシュ・ダイアグノスティックス(株)に入社。研究所にて、血液関連の研究開発に携わる。プロダクトマネージャーに就任後、全国の病院を見て回るなかで医療現場の問題点に気づく。「薬に頼らずに若々しく健康でいられる方法」を食事+運動+心のケアから総合的に研究する。1995年に予防医療を目指し起業。「心と体の両方」をみるサロンや健康指導者養成のためのアカデミーを展開。独自の「食事と運動の両方をみる医学」で多くの支持を得る。自ら指導する、健康セミナーやストレッチ教室、講演会などを精力的に行いながら、テレビ・雑誌等にも出演。著書に『1日1分で血圧は下がる!薬も減塩もいらない!』(講談社)『食事をガマンしないで血糖値を下げる方法』(マガジンハウス)など多数。著者累計は230万部を超える。

**YouTubeチャンネル
「加藤雅俊の体内環境塾」**
https://www.youtube.com/c/加藤雅俊の体内環境塾

デザイン◆佐久間勉・佐久間麻理(3Bears)
イラスト◆成瀬瞳/株式会社BACKBONEWORKS
写真◆平塚修二
モデル◆浜田コウ
ヘアメイク/スタイリング◆さとうゆうこ

※本書は『ホントによく効くリンパストレッチダイエット』(2014年・小社刊)に加筆修正し、再編集したものです。

増補改訂決定版!
ホントによく効く　リンパストレッチダイエット

2020年7月20日　第1刷発行

著　者　加藤雅俊
発行者　吉田芳史
印刷所　図書印刷株式会社
製本所　図書印刷株式会社
発行所　株式会社日本文芸社
　　　　〒135-0001　東京都江東区毛利2-10-18 OCMビル
　　　　電話 03-5638-1660(代表)

Printed in Japan　112200713-112200713 Ⓝ01(230048)
ISBN978-4-537-21819-0
©Masatoshi Kato 2020
編集担当：河合